路上のセンス・オブ・ワンダーと

宮田珠己

遥かなるそこらへんの旅

亜紀書房

路上のセンス・オブ・ワンダーと遥かなるそこらへんの旅

目次

6 黒川から鶴川

7 麻布十番から築地本願寺

8 王子から赤羽

はじめに

路上のセンス・オブ・ワンダーと遥かなるそこらへんの旅

街を散歩していると、たまにふしぎな形の道路だったり、謎の建造物だったり、異世界風の路地だったり、珍しいタイプの街灯だったり、変なふうに生えた植物だったり、ちょっとおかしな看板みたいなものに出会う。観光ガイドブックに載るようなものではないけれど、そんなとき、

あ、これ、いい感じ。

と一瞬思ったりする。

ときには、それらの風景からうま味のようなものがじわじわと滲みだしているように感じることもある。

思えば最近は散歩がブームで、路上でふつうに見られるこれまで注目していなかったものに注目し、それらの写真を撮りためたり、それをSNSにアップしたりして楽しむ人が増えてきている。

そこでは地形だったり、坂や階段だったり、公園遊具や路上の植物、暗渠《あんきょ》、電線、鉄塔、給水塔、歩道橋、狭い路地、道路標識、変な看板、さらにはエアコンのダクトや電気の配管まで、街にあるありとあらゆるものが収集されていて、それは何の変哲もない街から引き出された、その人なりの世界認識の補助線と考えることができるのかもしれない。

「センス・オブ・ワンダー」という言葉がある。

著書『沈黙の春』で地球規模の環境破壊に警鐘を鳴らしたレイチェル・カーソンが未完の遺作につけたタイトルで、大自然の持つ神秘やふしぎをキャッチする感性のことを表す。カーソンは、嵐の夜に幼い甥を連れて海岸へおりていったときの興奮や、大自然に包まれることの喜びについて書きながら、その言葉を定義している。

センス・オブ・ワンダー

その感覚はとてもよくわかる。私も大自然のなかに身を置くと、強い畏怖の念が呼び覚まされる思いがする。ヒマラヤにトレッキングに行ったときは、目の前にそびえる圧倒的な斜面に超自然的な何かが宿っているような気がしたものだ。

では、海岸やヒマラヤのような自然のなかではなく、うちの近所はどうか。何の変哲もない住宅地であるうちの近所で、そのような感動を得ることはできないだろうか。

カーソンによれば、「センス・オブ・ワンダー」は子どもが生まれつきそなえ持っているもので、《この感性は、やがて大人になるとやってくる倦怠《けんたい》と幻滅、わたしたちが自然という力の源泉から遠ざかること、つまらない人工的なものに夢中になることなどに対する、かわらぬ解毒《げどく》剤になるのです》（上遠恵子訳、新潮文庫）とのこと。文字通り読めば、人工的なものは毒と言っているように読める。

たしかに、うちの近所の何の変哲もない住宅地に、彼女のいう「センス・オブ・ワンダー」はないかもしれない。

それでも公園遊具や電線や変な看板のような路上のいろいろなものが人を惹きつけるなら、そこには何か別のセンスが介在しているにちがいない。

そこで私は、何の変哲もない街に感応できる感性を、センス・オブ・ワンダーと名づけたい。いっしょやがな。とツッコんではならない。カタカナで書けばいっしょだが、アルファベットで書くと違うのである。

The Sense of Wonder（レイチェル・カーソン）
The Sense of Wander（私）

見てもらえばわかる通り、こっちはWander＝散歩なのである。

私はこのセンス・オブ・ワンダーを胸に、自宅周辺から範囲を広げて東京都内の散歩に取り組んでみようと思う。絶景でもなく、歴史のある街並みでもなければ、豊かな自然に囲まれているわけでもない都市でこそ、このセンス・オブ・ワンダーが活きると思うからだ。

なお、混同を避けるため、この新たに命名されたセンス・オブ・ワンダーを表記するときは《センス・オブ・ワンダー》、本来のレイチェル・カーソンのほうは「センス・オブ・ワンダー」と括弧の形で書き分けることにする。

それでは、遥かなるそこらへんの旅をはじめよう。

1

目白から哲学堂公園

緊急対策会議と、無言板

ＪＲ目白駅の改札内にあるコンビニで、ジャム&マーガリンのコッペパンを買って、改札手前で立ったまま食べていると、

「宮田さん」

と声をかけられた。編集の西山くんであった。

私はこれから長く歩くにあたり腹ごしらえをしていたのだった。まだ待ち合わせ時間まで20分近くあったから、まさか食べている途中に現れまいと思っていたが、予定よりずっと早く西山くんが出現した。

西山くんは今回はじめて一緒に仕事をする編集者で、私よりずっと若く顔も私の3倍ぐらいいつやつやしている。

コッペパンはすぐに食べ終わり、とりあえず今日の打ち合わせをという西山くんの提案で、駅を出てすぐのサンマルクに入った。カフェに入るならコッペパンなど食べなくてもよかったが、実は私もここにきて急きょ打ち合わせの必要性を感じていたの

である。このときほど打ち合わせの大切さを痛感したことはないほどであった。

というのも、

――外、めっちゃ暑い。

例年にない早さで梅雨明けした東京は、この日最高気温が37℃だったそうで、まさにわれわれが待ち合わせた午後2時が、その最高気温のときだった。われわれには死が迫っていると言っても過言ではなかった。すみやかな対策が必要であった。

この日のわれわれの計画は、ここ目白駅から哲学堂公園まで歩き、さらにそこからJRの中野駅もしくは西武新宿線の中井駅まで踏破するというものだ。前々から一度哲学堂に行ってみたかったのである。それほど長い距離でもなく、事前段階では楽勝と思われたが、今は実現可能な気がしない。

「哲学堂まで行くのは無理かも」

オレンジジュースを飲みながら私は言った。

「暑いですね」

西山くんが困った顔で応じた。

困った顔ではあるが、それはどこか時候の挨拶のように聞こえなくもなかった。つまり暑いからただ暑いと言っただけであり、今日の予定を切り上げ、来るべき日に出直すなどという考えは浮かんでいない、ただの相槌《あいづち》の「暑いですね」のようだった。

てっきり今日は中止にしましょうという相談かと思ったら、違ったようである。

冷静に考えれば、今この状況にもっとも適しているのは散歩じゃなくて海水浴だと思うが、西山くんはまだ若いため、いっそ海水浴に、というような大きな判断はできず、どのルートで行きましょうか、という災害時でも線路上を歩いて会社に行くサラリーマンのようなスタンスで打ち合わせを希望してきたのであった。

「目白崖線を歩いた人のブログを見たんですが、この近くに血洗いの池という池があるようです」

西山くんはそこへ寄ってみようと考えたらしい。だが、大学の構内で部外者は入れないとわかり、その案は却下された。私としても、どうしても決行となれば、なるべく余計な場所には寄りたくない。

私はしぶしぶ口を開いた。

「地図を見ると、このへんにオバケ坂というのがあるから、それに行ってみたい」

本当はさっさと帰って出直したいんだけど、動きはじめた流れは、灼熱の太陽ぐらいで押しとどめることはできない。ならば一切脇道にそれずに目的地までさっさと行ってしまったほうがいい。オバケ坂は哲学堂公園へ向かう途上にあった。

計画の立案段階では、途中立ち寄りたいスポットもいくつかピックアップしてあり、オバケ坂という興味深い名前の坂もそのひとつだった。ぜひどんな坂か行ってみたい。だが、それは今日ではなかった。

もっと涼しい良き日に行ってみたい。

大変不本意ではあったが、われわれは地獄のような暑さのなか、出発することになったのである。

ちなみに断っておくと、のっけから歩く気がないようなことを書いているが、それは暑さが尋常でないせいであって、散歩という行為そのものは好きなのである。とくにここ2、3年は、散歩への好感度が高まっている。

新型コロナウイルスによるパンデミックで、外出自粛が盛んに言われていたとき、好きな旅行ができなくなったかわりに、近所を散歩するようになった。

もともと紀行エッセイを書くことが多かった私にとって、家の近所など絶景が見られるわけでもなければエキゾチックでもないし、何の魅力も感じていなかった。ところが歩いてみると、これが意外に新鮮で面白く感じられたのだ。家に閉じこもりがちになった身に、単純に外出が気持ちよかったのと、歩くこと自体は昔から好きだったせいもある。旅先で歩けないなら、近所で歩けばいいわけだった。

ところで、先ほど西山くんの口から目白崖線などという専門用語が出てきたが、目白駅の南に、妙正寺《みょうしょうじ》川によって削られてできたとおぼしい東西に走る段差があり、西の新井薬師あたりまで続いている。この崖の連なりをそう呼ぶのだそうだ。そんな崖が続いていたとは西山くんに指摘されるまで知らなかった。今回私が提案したルートは、地理好きや地形好きには案外知られた場所であるらしい。

目白駅の改札前に戻ると、線路の先に白いタワーが見えた。豊島区の清掃工場の煙突のようだ。煙突にしてはべらぼうに高く、かつ清潔感もあって、きっと有名な煙突なのだと思うが、私はまったく知らなかった。もう30年以上都内に住んでいながら、私は東京についてちっとも詳しくない。

それをこれから散歩してちょっとずつ咀《そ》嚼《しゃく》していくつもりだ。

目白駅の改札を出て左、西側の階段を下りる。

すると、線路の脇に妙なものがあった。階段の切れ端である。

目白駅西側の階段

白い巨塔

　なんだかわからないが、街角で不意に出会う妙なものには味がある。トマソンかもしれない。

　トマソンとは赤瀬川原平が提唱した街に残る「無用の長物」のことだが、われわれが見つけたのはトマソン界で言うところの純粋階段のようでそうではなかった。１９２２年に竣工した目白駅の階段の一部を保存したものらしい。ちょうど１００年前につくられた階段を敢えて記念に残してあるのだった。

100年前の目白駅の階段の一部

トマソンで思い出したが、西山くんは、自分は今回《無言板》を探してみたいと考えているという。腐食したり色《いろ》褪《あ》せたりして何が描いてあるのかわからなくなった看板のことらしい。雑誌『散歩の達人』の「ご近所さんぽを楽しむ15の方法」特集をかばんから取り出して、そこに掲載された《無言板》の写真を見せてくれた。

言われてみればそんな看板が街にたくさんある。あることは知っていたがそれをわざわざ探し出して写真を撮り集める人がいたのは知らなかった。今や街の中にあって誰も着目していないモノを見つけるほうが難しいかもしれない。こうしてまとめて写真を見せられると、なるほど面白そうだな、という気持ちが自然に湧いてくる。

と思ったら、その先でさっそく発見した。

いきなり見つけた無言板

広めの駐車場の入口に、かつては屋敷の玄関だったのだろうブロック塀の残滓《ざんし》があり、そこに郵便受けと住居表示とともに表札を剥がした跡が残っていたのだ。これは《無言板》と言ってもいいのではないか。裏に回ると郵便受けの中にチラシが数枚入っていた。横から郵便受けの断面が残って見えるのが、味わいであった。

「いいですねえ」

西山くんもさっそくの発見にご満悦である。

新型コロナのパンデミックが来る前から、世の中は散歩ブームだが、赤瀬川原平の

下落合
三丁目
3-9

横から見た郵便受け

トマソンという発見がなかったら、ここまでのブームは来てなかったんじゃないだろうか。そのぐらいトマソンにはインパクトがあった。

街で出くわす変なモノ、無用のモノ、役に立たないモノの存在感に光を当て、それを愛おしむ態度は、意味とか存在意義にからめとられてキュウキュウになっていた若い自分の心の壁も打ち崩してくれたように思う。たとえ役に立たなくても、くだらなくても、堂々としていていいんだと、無能な自分自身にひきつけて、勇気づけられたものである。

この郵便受けも、今や何の役にも立っていないのに無駄に壁より厚く大きな顔をしているところや、なぜか周囲の塀と色がちがって浮いているなど、自分を見るようであり、哀憐《あいれん》の情を禁じ得ない。いいトマソンを見つけたものであった。

窓はないが、窓飾りはある

PLAYBOY?

十字架型の池と、不毛な東京という記憶

おとめ山公園の森にたどりついたのは、さらに歩き出して20分ほど経った頃だった。ここは目白崖線の急斜面がえぐられて小渓谷になった窪地《くぼち》で、最奥で水が湧いている。目白崖線にはこういう窪地がいくつか並んでいるらしい。

驚いたのは、森がこんな都会にあるにしては鬱蒼《うっそう》と深く、まるで深山に来たかのような趣きだったことだ。

都会で濃い自然に出会うとうれしくなる。とくに今日みたいな日は木陰に入るだけでずいぶん気温が違う。

こんな森がずっと続いてくれれば歩きやすくて助かるのだが、公園はそんなに大きくない。われわれはすぐまた灼熱《しゃくねつ》の住宅地に出て坂を上ったり下ったりしながら、オバケ坂へ向かうのであった。このあたりまさに目白崖線の本領発揮である。

おとめ山公園

オバケ坂

しかしオバケ坂とは何のことだろう。過去に幽霊でも出たのか、それとも化け物じみて急なのだろうか、と考えながら到着。すぐに上りはじめたが、とりたてて特徴がない。何か由来でも書いていないか探したけれど、見つけられなかった。

なんなんだオバケ坂。

期待していたのに、ごくごくふつうの坂じゃないか。後に西山くんが調べたところによると、このあたりの崖（目白崖線）を意味する〝バッケ〟という言葉がなまったという説があるようだ。オバケ関係なかった。

ただ左手に野鳥の森公園があって、雰囲気はよかった。おとめ山公園もそうだが、都会の住宅地の横に突然鬱蒼と茂る森というのは、心癒されるものがある。

気を取り直し、そのあと東長谷寺の薬王院を回り込んだら、うさぎとふくろうの車止めがあって、よく出来ていた。これもまた由来は書いていない。が、由来や能書きがどうあれ見た目が面白いかどうかが大切だ、とたしか岡本太郎も言っていて、言ってないかもしれないが、言ったも同然であり、由来のわからないものが次々と現れる展開は面白い。

この車止めから新目白通り方向へ下りていく階段が、なんだか風情があるなと思ったら、『東京の階段』（松本泰生著）という本でも紹介されていた。この本は都内にある200近い階段を網羅していて面白いが、この階段も、蛇行しながら70段以上あり、新宿方面の眺めがいいと紹介されていた。蛇行した長い階段はそれだけで十分魅力的だという言葉に共感した。

蛇行した階段の魅力、それはいったい何なのだろう。一歩進むごとに変わっていく景色、この先に何が待っているのだろうという期待感、まっすぐな階段に比べてずっと面白そうな気配を漂わせている。いずれにしても、こういう小さな景色を拾って歩

うさぎとふくろう

くことが何の変哲もない住宅街を楽しむコツなのだということが、私にもだんだんわかってきた。

それはいいのだけれども、その魅力をじっくり味わう前に、われわれのほうがもう限界に近くなっていた。

ここまで、まるで順調に歩いてきたかのように書いているが、ちっともそんなことはないのである。陽差しが容赦なさすぎるのである。

やはり、冷静に考えて、歩いてる場合ではないのではないか。

そうしてついに新目白通りと聖母坂通りが交わる交差点で、これ以上の続行は無理と判断、われわれはいったん喫茶店に撤退して今後の対応を協議しようということになった。

「この少し南の下落合駅の近くに喫茶店があります」

と西山くんが検索で見つけ、そこへ命からがら避難したのである。

「4時までここで待機しよう」

喫茶店で冷たいコーヒーを飲んだところで、私は言った。

この時点で下落合駅から撤収という案もなくはなかったが、4時ぐらいになれば少しは陽も傾いて生命の危険に脅かされることはなくなると考えたのである。

ここから哲学堂公園までは直線距離で2キロぐらいである。普段ならまったくたいしたことのない距離だ。

目白崖線はここから妙正寺川に沿って西へ進み、あるところで急に北へ折れて哲学堂公園へ向かっている。途中崖を上る坂が一の坂から八の坂まで並んでいるのが面白い。もちろんこれは平常時には面白いという意味であって、今はわざわざ行く魅力を

かば公園のかば

感じない。それより私はここから目白崖線を離れ、北西へ向かうつもりだった。

というのも、途中気になる場所があるからだ。東京スリバチ学会会長の皆川典久さんの『東京スリバチの達人 分水嶺東京北部編』という本に、不動谷という出口のない谷があると書かれていたのである。そこは住宅地なのだが、そこだけ狭い範囲が窪んでいるのだという。谷ならば窪んでいても下流側は開けているものだが、ここは山手通りの建設と周囲の宅地造成のために塞がれ、窪地になったのだそうだ。
その、出口のない谷、という言葉に惹かれてしまった。ちょうど経路上にあるこっちを見に行きたい。

4時になって喫茶店を出ると、期待通り暑さはかなりましになっていた。夏ぐらいの暑さと言えばいいだろうか。今どきの酷暑とは違い、昔は夏でも平気で外を出歩けたものだ。西山くんと私はやっと生気をとり戻し、こんなことなら4時集合でもよかったと反省した。

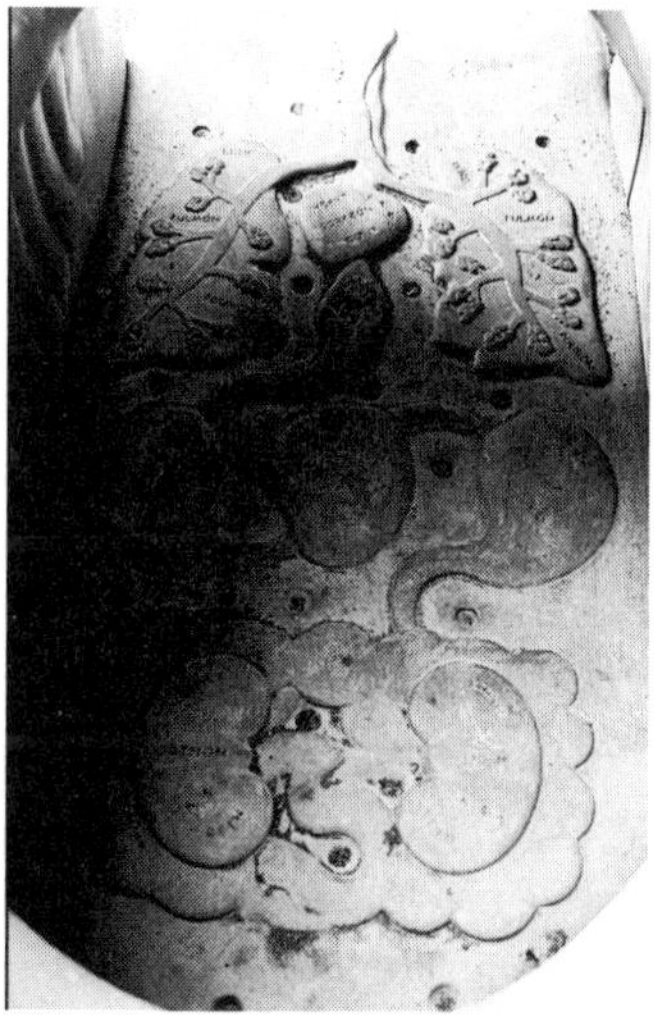
かばの内臓

西坂を上ると「かば公園」があり、入口と公園内にコンクリートのかばがいた。児童公園にかばは付き物だが、ここのは独特で口から中に入っておしり側に抜けられるようになっており、胎内に内臓の地図が描かれていた。
この遊具で遊ぶ年齢の子どもには難しすぎるのではないか、と思ったが、あとで調べると、このかばはわりとあるタイプのようだ。

児童公園の遊具というのは、もう大人なのでべつに遊びたくはならないが、なんだか気になるものである。派手だしキャラが立っているから、つい目が吸い寄せられるのだろう。ネットを見るとファンもたくさんおり、全国各地のユニークな公園遊具が採集されていて、なかなかハマリ甲斐のある世界に思える。誰も探求してなければ自分がやっていたかもしれない。

山手通りを越えると、問題の不動谷である。何の変哲もない住宅地の中にそれはあった。

三方から下り階段が集まって鍋底のようになっている。残る一方は緩やかな坂で、中心に立つとここが出口のない窪地であることがわかる。先ほどから引用している『東京の階段』でもこの場所が手厚く紹介されていた。このような場所は都内でもあまり見当たらないそうだ。珍しい環境に遭遇したという、妙な高揚感があると書かれてあった。

わかる。妙な地形、珍しい風景にはちょっとした感動がある。

写真では全景が撮影できないのでわかりにくいが、私としてはいいものを見た思いであった。私は大雨が降ってここに水が溜まった情景を想像した。排水の配慮はされ

この階段の下が谷底になっている

ているると思うが、もし水が溜まったなら道路の形から十字架型の池になるはずである。住宅街の中に突如十字架が現れたらかっこいいのではないか、キリストの奇跡なんていって話題になるのではないか。

不謹慎な話だが、ふだん陸地である場所が大雨などで水没した風景を見るのが私は好きで、たとえば湖が増水して湖畔の道路が冠水し、そこに白鳥が泳いでいたり、浅瀬だと思って魚が進出してきたりしている映像を見るとわくわくしてしまう。南米アマゾンのジャングルが雨季に水没し、木々の間を魚が悠然と泳ぐ映像を見たときは、テレビに釘付けになったし、アマゾンどころか、近所の交差点の中央部に水たまりができ、その水中で何かがピカピカ点滅しているのを見たときは、興奮のあまりのけぞったぐらいだ。

あの交差点の中心でピカピカ光っているのは何なのだろう。水没したところを見るまではさほど気に留めていなかったが、水中で光るのを見て以来、名前もわからないあれが好きである。

ふだん見慣れた世界が、水没することで非日常、もっといえばファンタジーのような世界になるのがいいのだと思う。

後でふり返ると、この十字架池を夢想したあたりから、私の胸の奥に、東京の散歩も捨てたもんじゃないなという思いがむくむくと湧きあがってきたようである。

というのも、私は関西から東京に移り住んで30年以上になるが、東京の街にあまりいい印象を持っていないのである。東京に来て初めて社員寮の屋上から景色を眺めたとき、激しい衝撃を受けたからだ。

そこには見わたす限りどこまでもビルとマンションと住宅がびっしりと建ち並んで、無限に続くかと思える巨大平野が広がっていたのである。山影のひとつも見えなかった。

なんて味気ない土地なんだ。

風景の不毛さに慄然とした。

もしかして空気の澄んだ晴れた日であったなら、富士山や丹沢の山々が見えたのかもしれない。だがその日は曇っていたのか霞んでいたのか、それともマンションの陰で見えなかったのか定かでないが、とにかく山が見えなかったことに深く絶望した。

東京の街がどこまで行っても似たような景色の続く永遠の牢獄《ろうごく》に思え、お前の人生はこの先も死ぬまでアスファルトの照り返しで暑いであろう、と宣告されたような気分だった。

以来、私は東京の風景にほとんどなじめないまま過ごしてきたのである。東京こそは、私にとってそこらじゅう何の変哲もない街の代表だったのであった。

空想の箱庭と、世紀末マンション

目白通りを渡ると、その先は道路が碁盤の目のように整然となっていてあまり面白くなかった。やはり道はぐねぐね曲がっていてこそ歩き甲斐があるものだ。ここまできたらさっさと哲学堂公園にたどりついてしまおうとスタスタ歩き、途中児童公園でアシカの遊具があったので見物した。

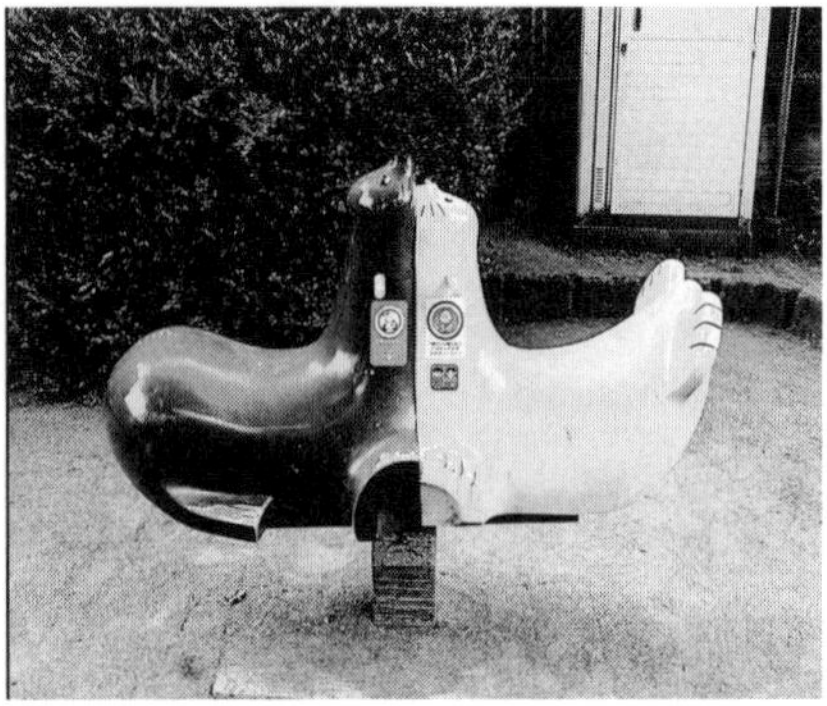

アシカの遊具

二匹のアシカが互いに寄りかかっている。あとで検索すると、同じものがたくさん出てきたから、珍しいわけではないようだ。

そうして5時過ぎぐらいだったろうか、ようやくわれわれは哲学堂公園に到達した。前半はどうなることかと思ったが、無事に生きてたどりつくことができた。熱波で死ななくて本当によかった。

六賢台

哲学堂公園は明治の終わりから大正のはじめにかけて仏教哲学者の井上円了《えんりょう》が建設した精神修養の場で、彫刻や橋や建物にいちいち哲学的な名前がついていて面白い。《唯心庭》《概念橋》《宇宙館》《絶対城》《無尽蔵》《理想橋》など、案内板を見ながら歩いていると、井上円了がそれらを名付けながら楽しそうにしている光景がありありと頭に浮かんできた。

なんであれ場所に名前をつけるのは楽しいものだ。しかもそれが哲学からの引用とな

四聖堂と宇宙館

れば、庭と哲学はもともと相性がよさそうなので、いかにも意味ありげな空間をつくり上げることができて、たいそう愉快だったろう。

広場にそびえる《六賢台》のシルエットもかっこいいし、《宇宙館》の名前もいいが、私が一番面白かったのは、《理外門》だ。看板のあたりに門が見当たらず、かろうじて街路樹の添え木のような門ぽいものが見つかった。これが《理外門》なのだろうか。

看板にあった名前の由来が興味深い。

《哲学を論究し尽くした上は、必ず理外の理の存することを知るが故に、本堂の裏門に当る現地をかく名づけている》

と書いてある。つまり哲学で説明できないことがある

理想橋

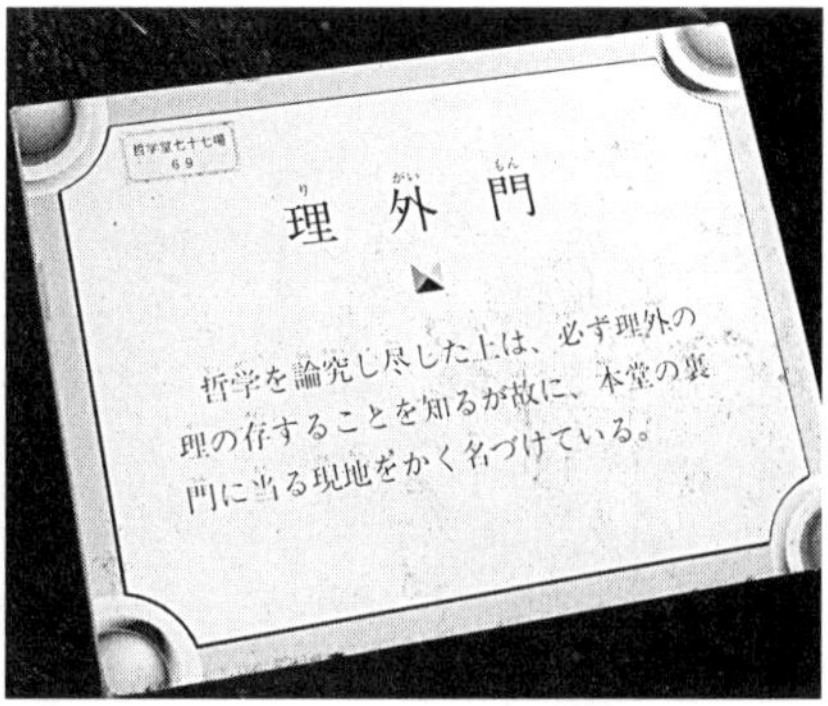

理外門の看板

と言っているわけで、これだけ壮大にいろいろつくっておいて、今さら何をかいわんやである。自らを全否定しているとも、逃げを打っているとも見える。一方でそれがまた禅的でもあり、誰かにこの公園を否定されたら、ここに連れてきて煙に巻くつもりだったのではないか？　などと邪推することもできる。

場所に勝手に意味を重ねて遊ぶ、実はこの公園と同じようなことはわれわれもよくやっていて、テーマパークなどはだいたいそうだし、日本庭園が極楽浄土を表現しているとか、そこまで大きな話でなくても自分の部屋を南国リゾート風にするとか、子どもが横断歩道の両側を海だと空想するとか、何でもない場所を脳内で非日常的世界と結びつけるのは、人間が本質的に持っている嗜好なのだろう。そしてそれはとても楽しい遊びなのだった。空間に空想のレイヤーを重ねることで、束の間現実と異なる世界線を生きるわけである。ジャングルクルーズなんて言ったって人工の池じゃん、とか、あのワニただの人形じゃん、とかそ

これが理外門？

んな野暮な真実どうだってていいのだ。空想するだけで楽しいんだから。

　このことは何の変哲もない街を楽しむときのヒントになりそうな気がする。

　考えてみれば、私が今回東京を歩きはじめたのも、そこに地形や、階段、公園遊具などの特異点を見出すことで、それぞれのレイヤーを行ったり来たりすれば楽しめるのではないかという狙いがあってのことだ。いうなれば東京を自分の好きなものがゴチャゴチャとちりばめられた箱庭として見ようとしているわけで、大きくとらえれば、井上円了にとっての哲学堂公園づくりと似たようなものといえる。

散歩によって、頭の中に自分だけの箱庭をつくっているのである。


こうして私は哲学堂公園を堪能した。まさに最初の散歩にふさわしい終着点であった。


さて今日の目的は達したので、あとは最寄りの駅まで歩くだけだ。

と思っていると、西山くんが
「あの治安の悪そうなところをもう一度見たいです」

と言い、何のことかと思ったら、公園の横を流れる妙正寺川の護岸壁のことだった。壁の中に廊下のような空間があり、その壁に巨大な落書きがたくさん書かれていたのだ。たしかに悪そうな雰囲気である。

あの廊下はいったいなんだろう。対岸に渡ってその廊下を目指したが、そこへ行くには高い柵を乗り越えねばならないようで断念。落書きの主は勝手に柵を乗り越えて侵入したようだ。

たどりつけない廊下の意味ってなんだろうか。あれはいったい何のためにあるのか、

妙正寺川の岸壁

と考えていて、私はふとその横に建つマンションの姿に目が釘付けになった。

そのマンションはどこかしら異様な雰囲気があった。なんだか世紀末を思わせるのだった。

何が世紀末なのかまじまじと眺めてわかったのは、マンションの1階が空洞になっているところに怪しさが満ち満ちているということである。

いや、1階ではなく地下と言うべきだろうか。道路より一段低い広場の中に建ってい

調整池に建つマンション

て、建物がゲタをはいたように嵩上《かさあ》げされている。その誰も住んでいない地下部分のがらんどうな光景が世紀末ぽいのである。

それでわかった。このマンションの基礎部分は妙正寺川が増水したときに水を貯める調整池になっているのだ。風景が世紀末ぽいのは、そのときが来れば水没するため、地下がすべて無になっているからだ。そしてあの落書きだらけの廊下はといえば、増水時に水を川からそこへ溢《あふ》れさせ、このマンション下に誘導するための水路なのだった。治安の悪そうな廊下にはそんな壮大な野望が隠されていたのである。

私は洪水時に池の中に立ち上がるマンションの姿を想像してみた。世紀末的な凄みも消えて、湖上の宮殿のようなちょっと素敵な眺めになるように思えた。そう考えると、ここもある種の絶景ではないだろうか。哲学堂公園の隣にこんなものがあったとは。

「この周辺は歩くとまだまだ面白い場所がありそうですね」

西山くんが言い、私もふむふむと頷いた。

何事も現場を歩いてみるものなのであった。

今回さんぽした場所

目白駅から哲学堂公園まで

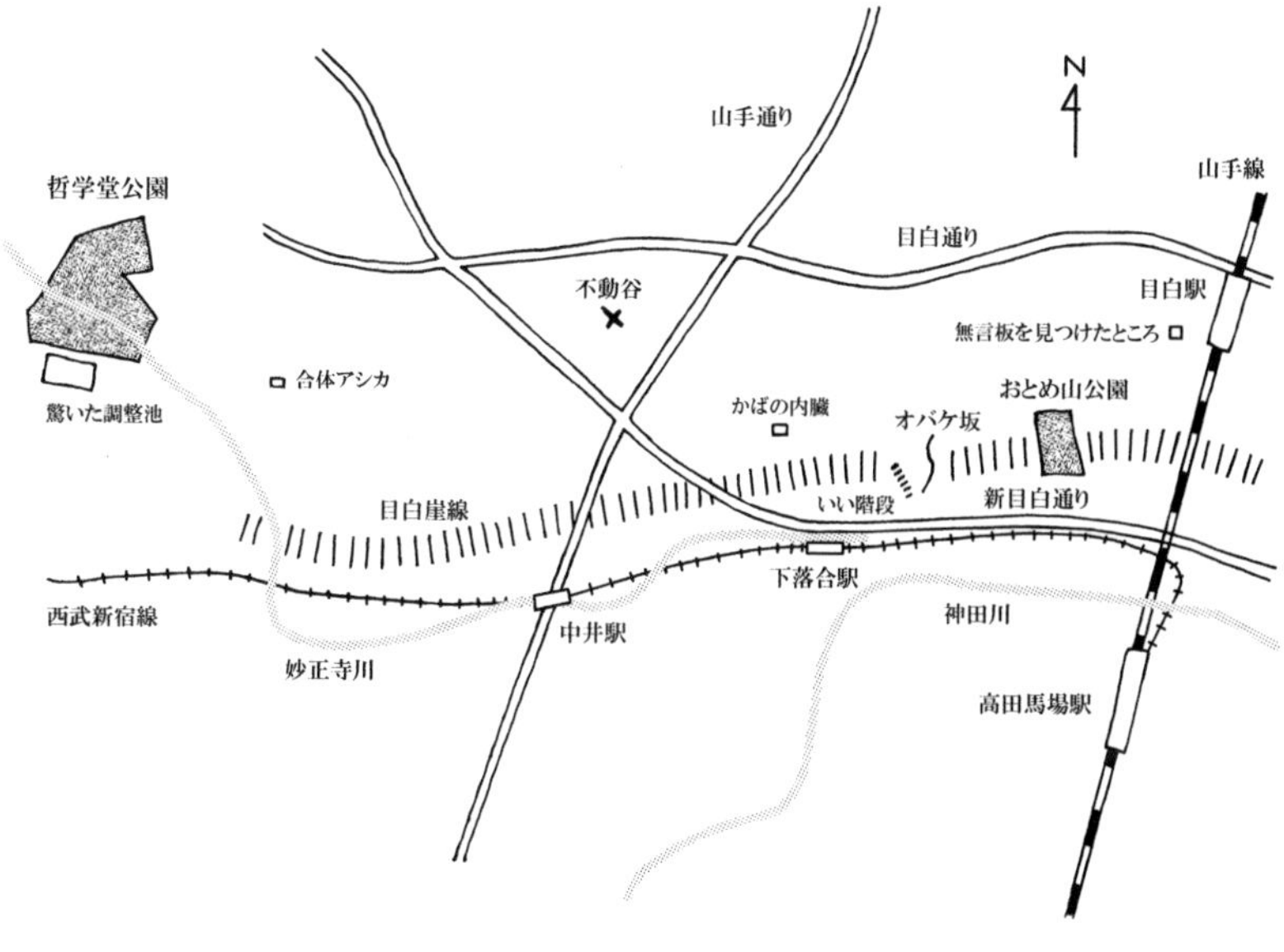

2

二子玉川から等々力渓谷

街の中の公園、山の中のコンビニ

前回の散歩から約1か月。

今度は、東急田園都市線の二子玉川駅に、西山くんと集結した。

ここから等々力渓谷を経て東急線の多摩川駅まで散歩しようという計画である。直線距離にして約5キロ。例によってまっすぐ歩くわけではないので、10キロ近く歩くことになると考えている。

等々力渓谷は、以前から名前は知っていたが、どんな場所か行ったことがない。渓谷というからには自然の川なんだろうと思うが、地図を見ると都会のまっただなかである。

こんな場所に渓谷？

少しは谷になってるのかもしれないが、渓谷は少々大袈裟《おおげさ》では？　そんな感想を長年持ち続けていた。同じような人は案外いる気がする。

試しにグーグルのストリートビューで見てみても、まわりはびっしりと住宅に囲まれていて、とても渓谷がありそうに思えない。

なので、どんな場所か見てみたい気持ちはあるものの、正直たいしたことはないだろうと考えて、これまで訪ねてこなかった。この機会に、どのぐらい渓谷か、つまりどのぐらい大自然なのか調べてこようと思う。


一般的に、散歩しようとするとき、人は自然のある場所に惹きつけられるものである。自宅周辺を歩くときも森や公園などの緑が濃いほうへ向かいがちだ。

それなのに、本書では敢えて街なかを選んで歩いているのは、自然の中では出会わないものに、少しずつ親近感というか、魅力を感じはじめたからで、自然の中だけを歩けばトレッキングやハイキングの話が書けそうなところを、敢えて街なかを歩いて路上を観察しようと意図しているからである。

街の中の散歩は、自然の森や山の中を歩くのとはだいぶ違う。そこには大自然の崇高さに打たれるとか、森の爽やかな空気に心身がリラックスするとか、それこそレイチェル・カーソンが『センス・オブ・ワンダー』で強調した、地球の美しさ、自然の素晴らしさを感じとることによって、人間を超えた存在を認識し、おそれ、驚嘆する感性を育むといったような経験があまりない。

自然の中ではそこらじゅうでレイチェル・カーソンのいう「センス・オブ・ワンダー」を感じることができる

もちろん空を流れる雲や、用水路の底にゆらめく水草、けなげに咲く路上の花などに神秘を感じることはできる。

しかし、

《わたしは、その場所、その瞬間が、なにかいいあらわすことのできない、自然の大きな力に支配されていることをはっきりと感じとりました》（『センス・オブ・ワンダー』レイチェル・カーソン著　上遠恵子訳）

というほどの圧倒的な没入感を感じるのは難しい。

自然の中を歩くのと街の中を歩くのとでは、同じ散歩でも、別の感性を発動させる必要がある。

たとえば坂や階段、公園遊具や路上の植物、暗渠、電線、鉄塔、給水塔、歩道橋、狭い路地、道路標識、変な看板、そしてエアコンのダクトや電気の配管などを見て、レイチェル・カーソンが何か言うところを想像してみてほしい。たぶん何も言わないで黙っているか、もし何か言うとすればこうだろう。

「で？」

地球の歴史や大自然の営みに比較すれば、公園遊具が何ほどのものであろうか。変な看板を見て、自分が何か大きな力に支配されていると感じるだろうか。

そう考えると、街歩きは「センス・オブ・ワンダー」とは違うセンスを必要とし、かつそれを育むのであり、今回の等々力渓谷への散歩は、そこがThe Sense of Wonder（レイチェル・カーソン）が味わえるほどの渓谷かどうか確認しながら、The Sense of Wander（私）を心に携えて街を歩くという、二重の試みなのだった。

しかし二子玉川駅に集合してみると、われわれの前にまたしても例の問題が立ちはだかった。

暑い。

二子玉川、暑い。

前回哲学堂公園まで歩いたのは7月の頭で、今は7月末である。どっちも夏真っ盛りなのであった。

そもそもこんな時期に外を歩こうというのがどうかしているのではないか。

さすがに、そんな根本的な疑念を抱かざるを得ないが、とはいえ西山くんは働き者だから今回も決行するだろうと考え、私は日傘を用意してきた。

男の中には日傘をさすことに抵抗がある人もいまだ存在するらしい。だが月面を歩くのに宇宙服を着ないと秒で死ぬように、夏の東京を日傘もささないで歩くと、秒とは言わないが半日ぐらいで死ぬのである。前回の目白でも途中喫茶店に避難しなければ死んでいた。日傘は女がさすものなどと益荒男《ますらお》ぶる男は、宇宙服なしで月面に降りてから言ってほしい。

さらに今回は前回の教訓をふまえ、ルートの途中に避難場所をあらかじめ用意しておくことにした。場所の選定を西山くんに任せたところ、喜んで探してくれた。なんでも西山くんはスイーツ好きで、休みの日はよくスイーツを食べに出かけたりするらしい。目白でも避難した喫茶店とは別に、あらかじめ気になる店を調べていたと言い、散歩の後にひとりで立ち寄ろうと考えていたそうだ。そんな西山くんなので、今回歩くルートの中ほどにちょうどいい高級スイーツ店を見つけておいてくれたのである。とても心強い。

そうして準備万端整ったところで、われわれは日傘で太陽光線をはね返しながら、灼熱の二子玉川の街へと繰り出したのである。

駅周辺の商業コンプレックスを抜け、モダンなデッキの上を東のほうへ進むと高層マンションがニョキニョキ生えている場所に出た。何十階建てなのだろうか、とても高い。

私は高いところが大好きだ。高所恐怖症って何それ？　ぐらいのもんであるが、高層マンションに住むのは敬遠している。

だいぶ前に北朝鮮に行ったとき、首都ピョンヤンに建ち並ぶ高層マンションが、夜にまったく灯りが点いていなかった。ガイドに、あれはどうなっているのかと尋ねたところ、電力が足りないので交代で停電させているとの返事。A棟は、午後6時～8時、B棟は午後8時～10時というふうな停電スケジュールが組まれているらしかった。当然電気が来ない間は、エレベーターも動かない。言ってみればエレベーターに時刻表があるようなもので、高層マンションに住むのはローカル線沿線に住むようなものだとそのとき思った。階段で行き来できない高齢者などは部屋でじっとしているしかない。

つまり高層マンションは停電したら自宅まで階段で帰らないといけないのだ。高齢者でなくても、20階とかに住んでいたら帰宅が山登りである。

実際には日本の高層マンションは自家発電するから、そんなに停電しないだろうと は思う。それでもやはり念のためということがある。私が高層マンションには住まないと決めているのはそういうわけである。どうせ私には買えないということもあった。

二子玉川駅前のタワーマンション

広い公園に出て左に曲がり、上野毛通りを上りかけたところにまた公園があった。上野毛自然公園といって、ありがたいことに鬱蒼とした森になっていて太陽の光をさえぎってくれた。

散歩をするときはつい公園を目印にしてしまう。地図で見るとたいてい公園は緑色であり、その緑色を繋《つな》ぐようにルートを設定しがちだ。

そのことは先にも書いたが、これは少々意にそぐわないことである。というのも今回私は、レイチェル・カーソンの「センス・オブ・ワンダー」ではなく、街の散歩の感性であるところの《センス・オブ・ワンダー》を磨き、その真実に迫りたいと冒頭で宣言しているからだ。つまり自然の大きな力に魅了されるのではなく、街歩きの魅力を言葉にしようと考えているわけである。

それがどうだ。さっそく自然公園に立ち寄っていい気持ちになっている。日差しが防げてとても涼しい。この公園は街なかにありながら森が濃く、写真をうまく切り取って見せれば登山中かと思わせることもできるぐらいの空間である。

上野毛自然公園の入口

街歩きはどうなったのか。これでは当初の志を貫いているとは言えないのではないか。ブルータス、お前もレイチェル派か、とそしられても仕方がない。

しかしそれはこう考えるとどうだろう。もし山の中をトレッキング中に、突然コンビニがあったら寄るだろうかと。どうだ、寄るだろうコンビニ。まず寄らない理由はない。すぐさま立ち寄ってカルピスウォーターとか、ウイダーinゼリーとかを買うに決まっている。それと同じように、街なかを歩いている途中に公園があれば寄ってほっとするわけだ。

自然の中の文明はオアシスであり、文明の中の自然もまたオアシスなのだった。そんなわけで街歩きの途中に自然に立ち寄ることは何の問題もない。

しばらく進むと、今度は上野毛稲荷塚古墳という、自然なのか人工物なのか微妙なものが出てきて面食らった。

古墳だって?

全長三十数メートルの前方後円墳で、古墳時代中期初頭4世紀末ぐらいに築造されたものだそうだ。私は関西の出なので、古墳ならたくさん見てきたが、東京のこんな都会の一角に古墳があるとは知らなかった。後で知ることになるのだが、実はこの周辺には野毛古墳群といって多くの古墳が残っているらしい。

上野毛稲荷塚古墳は、教えられなければ、単なる草むらにしか見えなかったものの、もしこれがもっとはっきりと古墳型をしていたら、古墳のような古くてモコモコした

上野毛稲荷塚古墳。私有地のため柵越しに垣間見た

ものが、カクカクした現代の都会に平然と居座っているのは不釣り合いもいいところだから、いい感じの風景になったにちがいない。顔全体が蝶々結びみたいな髪型になってる古代の男性が、突然、現代の恋愛ドラマに登場したようなチグハグさが醸し出されたはずだ。

思えば、世界遺産に登録された大阪の百舌鳥《もず》・古市《ふるいち》古墳群を見に行ったときも、住宅街の中に突如現れる古墳がいくつもあって愉快だった。

言われなければ古墳とわか

らない小さな盛り上がりに過ぎないものもあったが、なかには面白い古墳もあって、丸ごと公園になって上を走り回れたり、高速道路の下の地面が盛り上がっていて、そこも古墳だったりした。高架下の古墳は今まで見たなかで一番意外性のある古墳風景だった。日陰で草が生えず、砂場の砂山みたいだったのだ。古墳の主も将来、頭上を巨大なコンクリートの橋桁が通ることになるとは想像もしなかったことだろう。

野毛古墳群にも、ひょっとしたらどこかに奇妙な風景を生み出している古墳があるのかもしれない。

石像の寺と地底の川

古墳を過ぎ、そこから第三京浜と環状八号線が合流するインターチェンジへと向かった。というのも、西山くんが

「これ、面白くないですか?」

とグーグルアースの写真を私に見せてきたのである。

そこにはインターチェンジのカーブした道路に囲まれるようにして建つマンションが写っていた。

インターチェンジにはどこも大抵ぐるっと回る道路があって、その内側は草地になっている。あの囲まれた土地は、普通なら道路を横切らないとアクセスできないから、建物があるのは珍しい。しかもそれがマンションというから、たしかに気になる。写真で見ると、そこにはマンションのほかにいくつかの建物があった。いったいここはどうなっているのか。

お隣の中国では、高速道路の建設にあたって立ち退きを断固拒否した家が、取り壊

されずに、高速道路に挟まれたまま建っている場所があるそうで、そのことを思い出した。

汗をふきふきたどりついてみると、中国の取り残された家と違って、第三京浜が地面を掘って低いところを通っているため、マンションほかの建物が周囲から孤立している印象はなかった。ここならふつうに暮らして違和感なさそうである。

それより擁壁と防音壁の上に建つ瀟洒《しょうしゃ》な戸建て住宅が気になった。そこには何か惹き

画像 ©2022 Google, 2022 Digital Earth Technology, Maxar Technologies, Planet.com, The Geoinformation Group, 地図データ ©2022

つけられるものがあるのだった。

すすけたような第三京浜とオシャレな住宅の対比がアンバランスで、目が離せない。

美術用語で言うところのデペイズマンというやつだろうか。その場にそぐわないものを敢えてそこに置くことで生じる違和感をもって見る者に衝撃を与える手法。戸建て住宅は美術じゃないので、そんな意図はないと思うけれども、結果的にそうなってしまって、見ているわれわれが反応してしまったのである。

そんな風景が気になるのも、おそらくわれらが《センス・オブ・ワンダー》のなせる技だろう。《センス・オブ・ワンダー》は違和感のある風景に発動しやすいのである。

残され島を囲む戸建て住宅

第三京浜を後にし、玉川野毛町公園（ここにもまた古墳がある）の脇を多摩川に向かって下っていくと、善養密寺という寺に出た。散歩中、神社仏閣に出会えばなるべく立ち寄るようにしているので、ふらふら境内に入っていくと、またも思いもよらぬ光景に出会った。

山門を守る石像

境内のあちこちに巨大な石像がニョキニョキ生えていたのだ。

いい！

あまりの良さに、今回の散歩はこれに出会うために来たのだという感に打たれた。

笏だけが金色に光る

仏像や神官だけでなく巨大な亀や、ガネーシャの像、らしくない狛犬《こまいぬ》、目が金色に光る象など、どれもこれも大きくどっしりとして、かつユーモラス。造形がざっくりしているのが素晴らしい。手元にある金色の持ち物はいったいなんだろうか。ウルトラマンがプリンになった

巨大な亀

狛犬？

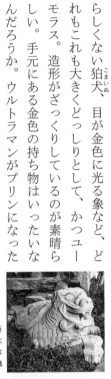

ような像はさらに正体不明だ。

　境内のところどころに京都の地名が入った道標が置かれ、境内全体が写しの京都として巡回できるようになっているのも面白かった。

　まさに箱庭だ。

　人は箱庭的なものに惹かれやすい。箱庭的なものを見たり、箱庭的な場所に来ると、人はなぜか心がとらわれるのである。現実から離れてその世界の中に没入し、優雅な気分に浸れるからだろうか。

道標。右金閣寺、左嵐山。ということは
ここは太秦らへんであろうか

　善養密寺は本堂前に大日如来坐像が鎮座する真言宗の寺で、もとは深沢村にあったものが江戸時代の初期、慶安年間にこの場所に移ってきたと看板に書いてあった。玉川八十八箇所三十二番及び玉川二十一箇所十四番の札所だそうだが、そんな巡礼があることも知らなかった。石段の

ウルトラマンのような
プリンのようなもの

金色の目をした象。
駐車場を見すえている

両脇にひかえる海駝の像が珍しいらしく、そういうことならじっくり観察してくれればよかったが、看板の文字を読んだのは家に帰って写真を見てからのことで、このときその像がそんな重要なものだとは知らなかった。

さらに文献を調べてみると、海駝は「ヘテ」と読み、朝鮮半島での呼び名だそうで、中国では獬豸（カイチ）。牛に似ていて、角が一本生えているという。善養密寺のそれは角が生えてなかったように思うが、善悪を見分けることができ、まちがっているほうをその角で突くので、別名「裁判獣」とも呼ばれている。

あまりの楽しさに暑さも忘れるほどで、散歩のノルマがなければここはじっくり滞在したいほどだった。こんな寺が隠れていたとは、東京も侮りがたい。

しかし時間がないので、後ろ髪をひかれる思いで歩みを進める。

そうしてついに今回の目的地である等々力渓谷にたどりついた。

地図で見る等々力渓谷は、ちょっと信じられないぐらい住宅街の真っただ中にある

海駝

どこにでもある用水路に見えた下流

が、渓谷というからにはそれなりに急流だろうから、住宅をそんな急なところに建てて大丈夫なのか気になる。気になるが、グーグルマップで見ると実際に周囲は住宅で埋め尽くされているのであって、そのことから逆算的に考えると、渓谷といってもたいしたことはないのでは、という推測が成り立つ。

われわれは渓谷の下流、多摩川側から接近した。はじまりはちょっと樹の生い茂った用水路のようなものがあるな、という程度の認識であっ

不動尊への階段

た。川幅も狭く、この程度の川ならどこにでもありそうに思える。やはりたいしたことはないのではあるまいか。

数十メートル遡ると川の両側の樹木帯が急に幅広くなり、そこに樹林の中への入口があった。進入すると、昼間だというのにずいぶん薄暗い。その薄暗い中に川が流れ、対岸に渡る橋がかかっている。川幅はさほどではなく、助走をつければ跳び越えられそうだ。対岸には稲荷大明神の祠《ほこら》と滝行の行場があり、そこから崖に沿って登る階段が続いていた。上に不動尊があるらしい。

なにやら急に本格的なものがいろいろ出てきて、今までの住宅地との落差に驚く。とはいえ本格的なのは宗教上のものであり、渓谷としてはむしろ、川幅の狭さが、それほどのものではないことを証明しているように思われた。

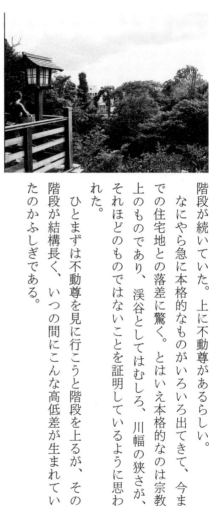

ひとまずは不動尊を見に行こうと階段を上るが、その階段が結構長く、いつの間にこんな高低差が生まれていたのかふしぎである。

テラスからの眺め

急な崖を登りきったところは等々力不動尊の境内であった。境内の一角には、多摩川方向に向かってせり出したテラスが設けられている。清水の舞台のようなものと言えばいいだろうか。

驚いたのは、テラスに上ってみても多摩川が見えなかったことだ。渓谷に沿って繁茂した森が視界を遮り、まるで森を見るために作られたような塩梅《あんばい》になっている。ずいぶん高いところまで登った印象があるのに、全然向こうが見通せ

渓谷の道

ない。

　結構な高低差があったのに、その眺めを無効にするほど樹々が高いのだ。想定外の森の深さに、この等々力不動尊が好きになりそうだった。

　だが、本題はここではない。私は等々力渓谷が果たしてどのぐらい渓谷なのか確かめなければならない。

　今きた道をまた下り、川べりに戻ると、われわれはさらに川に沿って上流へ歩き出した。その先は深い谷になっていた。両岸が垂直に立ち上がり、上空は高い梢《こずえ》に陽が遮られ、どんよりと暗い。

　ふつう渓谷といってイメージするのは、山と山の間に挟まれながらも、もう少し明るく空も開けて、大きな岩の間を清冽《せいれつ》な水が流れているというものだが、ここはそれよりずっと深くえぐれた地面の下の川といった様相であった。山の斜面に挟まれているのではなく、垂直な崖に挟まれていて地底感がすごいのである。暗さのおかげで水がきれいなのかどうかもよくわからない。

　たしかにこれも渓谷ではあるけれど、思っていたのと全然違う。

　少し進むと、上に環八道路の大きな橋がかかっていて、景色はいっそう重たくなった。橋の下をくぐるときは、巨大洞窟の入口かと思うほどだった。橋の裏から鍾乳石が垂れ下がっていてもおかしくない気がする。街の中で出会う自然はほっとするものだと先に書いたが、ほっとするには地の底すぎるようであった。

　その意味ではたしかに本格的な谷である。まさか住宅街の真ん中にこれほどの谷があるとは、あらかじめ予告されていたとはいえ、想像以上だった。

　しばらく行くと上にまた赤い橋がかかっていて、川沿いに歩けるのはそこまで。そこから地上に出る階段を上る。

　地上に出ると思わず書いたが、谷だって地上であるから、この表現はおかしい。おかしいけれど、ついそういう表現が出てしまうほど、洞窟から出てきたような錯覚を覚えたのだった。

階段を上りきったところが、いきなりふつうの街だったのもふしぎだ。ローソンや成城石井があったりして、このすぐ下に、こんなにも深い谷が潜んでいようとは。地面というものは陰で何を考えているかわかったもんじゃないのであった。

等々力渓谷の成り立ちはちょっと複雑だ。崖に湧いた水が多摩川に直角に流れ込んで形成された川が、上流側に地面を浸食しながら延びていった結果、もともと多摩川の河岸段丘の上を多摩川とほぼ平行に、西から東へ流れていた谷沢川にぶつかり、川の水を奪ってできたそうである。もろもろの資料やネットにそう書いてあった。おかげで、それまでおだやかに東進していた谷沢川の水は一気に多摩川へ流れ込むことになって、ますます谷の浸食が進み今のような深い谷を形成したのだ。つまり川が別の川の流れを奪ったわけで、これを河川争奪というそうである。

理屈はわかる。わかるけれども、人や動物の手が加わったわけでもないのに、川が別の川の流れを奪うとは、まるで川が生きもののように感じられて、妙な味わいがある。

地形が面白いのは、そうやって生きものでもないものが勝手に動いて形を変えていく、人間のスケールでは実感できないスペクタクルを夢想できるからで、その川が川に到達する瞬間、流れが一気に変わる歴史的瞬間をこの目で見てみたいと思った。これほど深い谷をえぐるとは、よほどの水流であったにちがいない。

気になるのは水流を奪われたもとの谷沢川（現在は九《く》品《ほん》仏《ぶつ》川と呼ばれている）の下流がどうなったかだが、下流側も逆に流れて等々力渓谷に水が注ぎ込んだそうで、上流に向かって流れたからこれを逆川と呼んだそうである。これは今は暗渠になっているらしい。そっちも追ってみたいところだが、そろそろ猛暑の影響で命の危険を感じはじめる頃であり、西山くんが事前に調べておいてくれたスイーツの店も近いので、ここらでいったん休憩することにした。

今回の散歩は古墳があったり、巨大な石像の寺があったり、河川が争奪されたりと見どころ満載で、出発前は予想していなかった面白さである。

ちなみに食べたスイーツ（アイス）はこんな形だった。

坂の鑑賞と、今とは反対の古墳

今回の散歩のもっとも重要な目的だった等々力渓谷の見物は済んだが、実はこのあとも気になるスポットが待っている。ここからさらに東、東横線の多摩川駅に向かう途中の住宅街がすごいらしいのだ。

何がすごいかというと、傾斜である。住宅街の中を走る道路が急坂ばかりなのだ。その名も「急坂」という坂があるぐらいで、なかでも一番急な坂は傾斜が26％もあるという。

26％といえば、１００ｍの水平距離に対して26ｍの高低差があるという意味だから、角度にするとだいたい15度になろうか。

15度というとそれほどでもなさそうに思うけれど、実際には相当な急勾配で、自転車のプロ選手でも傾斜20％、つまり11度あたりを超えるとまっすぐ上ることができないと言われる。一般人ならまず押して上る傾斜だ。

われわれは坂だらけの住宅街を歩きまわり、問題の26％の坂を見つけ、上ったり下

急坂ならではの丸い溝

りたりしてみた。とてもじゃないが自転車で上れる角度ではなかった。

それどころか車でも路肩に駐車するのが怖いぐらいで、いくらサイドブレーキを引いていても安心できない気がする。そんな坂があっちにもこっちにもあって、歩いていて面白くなってきた。

坂にはファンが多い。タモリも本を出しており、調べてみると坂の本を出している人は他にも何人もいた。

坂の魅力は、私が思うに異界感があるところだ。

とくに下から見上げたとき、てっぺんを越えた向こうに何か新しい景色、ちょっと大袈裟に言うと、別天地《べってんち》が待っているかのような期待を抱かせるのがいい。別天地じゃなくて恐ろしい地獄が待っているのかもしれないが、とにかく今こことは違う世界がありそうな予感がする。

それこそは、われらが《センス・オブ・ワンダー》の重要なファクターのひとつだと私は考える。

タモリは著書『タモリのＴＯＫＹＯ坂道美学入門』のなかで、東京の坂道の鑑賞ポイントとして、

①勾配の具合
②湾曲のしかた
③まわりに江戸の風情をかもしだすものがある
④名前に由来、由緒がある

の4点を挙げている。

多くの人が坂に魅了される要素をよく表していると

路肩に駐車するのも怖い

思うが、私個人に限って言えば、③と④は余計に思える。歴史のない街の坂道にもいいものはたくさんあるし、思えばそのふたつは事情、もしくは歴史的背景であって、坂そのものの物理的な要素ではないからである。

私はもっと純粋に坂や高低差というものの味わいを抽出してみたい。それはたとえば、日本の歴史を知らない外国人が見てもわかる何かであり、誰もがその場所に立っただけで感じ取れる何かである。

その意味で、私なりの鑑賞ポイントを列挙するなら、①と②に加えて、

③まわりの風景にたくさんの要素がある

④てっぺんに見える景色から受ける期待感

を挙げたい。

まわりの風景にたくさんの要素があるというのは、たとえば坂の両側が全部住宅や全部森というのではなく、正体不明の建物がそびえていたり、公園の樹が異様な存在感を醸し出していたり、神社の鳥居があるとか、変な看板が目立っているとか、何かしら単調さを破るものが見えて、風景がごちゃごちゃしているということである。風

景が多くの要素でできていると、どこかに何かが隠れているような、近づいてみるともっと面白いものが見つかるような、そんな気がするものだ。

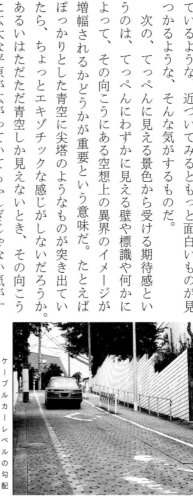

次の、てっぺんに見える景色から受ける期待感というのは、てっぺんにわずかに見える壁や標識や何かによって、その向こうにある空想上の異界のイメージが増幅されるかどうかが重要という意味だ。たとえばぽっかりとした青空に尖塔のようなものが突き出ていたら、ちょっとエキゾチックな感じがしないだろうか。あるいはただただ青空しか見えないとき、その向こうに広大な平原が広がっていてもふしぎじゃない気がする。さらにもし、時計を持ったうさぎの姿がちらっと見えて向こう側に消えたりしたら、俄然《がぜん》盛り上がるのではないか。

ケーブルカーレベルの勾配

これらの鑑賞ポイントはつまり、坂そのものの持つ物理的な性格であり、五感だけで感得できる性質のものだ。坂の見方に正解などないけれど、私は歴史観や伝統文化などへの愛着とは切り離した視線で、風景を眺めてみたい。そのほうがより普遍的だと思うからだ。

等々力渓谷から東急多摩川駅にかけての住宅街には、①と②と③を満たす坂が多く見られたが、④を満足させる坂を見つけることができなかった。

この④は結構難易度が高いポイントで、私自身それに値する坂には数えるほどしか出会ったことがない。記録もつけていないので、どこで出会ったかもうろ覚えである。なので今後①から④の全要素を満たす坂を見つけることができたら、ここでまっさきに報告したい。


その後も坂を上ったり下ったりしながら、われわれは東急多摩川駅を目指して歩いていった。

やがて多摩川台公園に出て、そこでまた古墳を見た。宝萊山《ほうらいさん》古墳というそうだ。由来を説明する東京都教育委員会の看板が立っていたが、こんもりとした緑の丘があるだけで、言われなければ古墳と気づかない。

西山くんも、

「楽しみ方がいまいちわからないですね」

と戸惑っていた。

たしかに、もっとはっきりと古墳の形状が露わになっていれば違う感慨もあっただろう。

「ただ、人が住まなくなって緑に覆われてしまった家なんかを見ていると、これは同じことかなとも思ったりします」

と西山くんはフォローする。

「なるほど」

「私たちの街や都市も、高度に築いた文明も、所詮はあっという間に自然に呑み込まれていくような存在なのかもしれない、そんなことを考えていると古墳という存在もちょっと気になりますね」

たしかに、古墳は今でこそ緑の丘のような自然に近い景色になっているが、築造当時はむしろ逆で、文明の最先端といってもいい建造物だった。当然だが、木などまったく生えておらず、全体に葺石《ふきいし》が敷き詰められ、場合によっては埴輪《はにわ》によって装飾されたりもした高度な人工物だったのである。

それが川に沿った段丘上に並ぶ光景は、見る者にこの地の繁栄ぶりを強く印象付けたはずである。古墳は海や川からよく見える丘の上につくられるのが通例で、来訪者を高い構造物で圧倒し、地元の首長や地元民に対する畏敬の念を起こさせたり、ある

坂、そして坂

いは航行する船がランドマークとして目印にしたりしていたと言われている。

　言ってみれば古墳は、現代の高層ビルやタワーのような都会的トポスを象徴するものだったわけで、おそらく周囲の緑に対して、そこだけ白く燦然《さんぜん》と輝いていたと想像される。

　白い住宅地の中に緑の丘のようにある現代の古墳とはまったく反対の風景が、古代人の目には映っていたわけだ。われわれが二子玉川駅前にニョキニョキ生えていた高層マンションに圧倒されたのと同じことが、太古の昔に、この場で起こっていたのである。

そう考えると古墳も面白い。

多摩川台公園の中にはもうひとつ亀甲山《かめのこやま》古墳もあって、この近辺では最大の古墳だったと看板に書いてあった。ただし葺石は出土しておらず、古墳時代前期のものだったらしい。だとしたら、川沿いに白く輝く高層建築が並んでいたほどではなかったかもしれないが、いずれにしてもこんな場所にこれほど古墳があったとは、来てみるまでまったく知らなかったことだった。

今回はただ等々力渓谷の真実を覗《のぞ》き見るために来たつもりだったが、気がつけば石像あり坂あり古墳ありで、何の変哲もなさそうに見えた街にも、われらが《センス・オブ・ワンダー》を刺激するものが満ち満ちていたことを知った。それは決して特殊な場所だけでなく、そこらじゅうで発動できるもののようである。

今回さんぽした場所

二子玉川駅から等々力渓谷まで

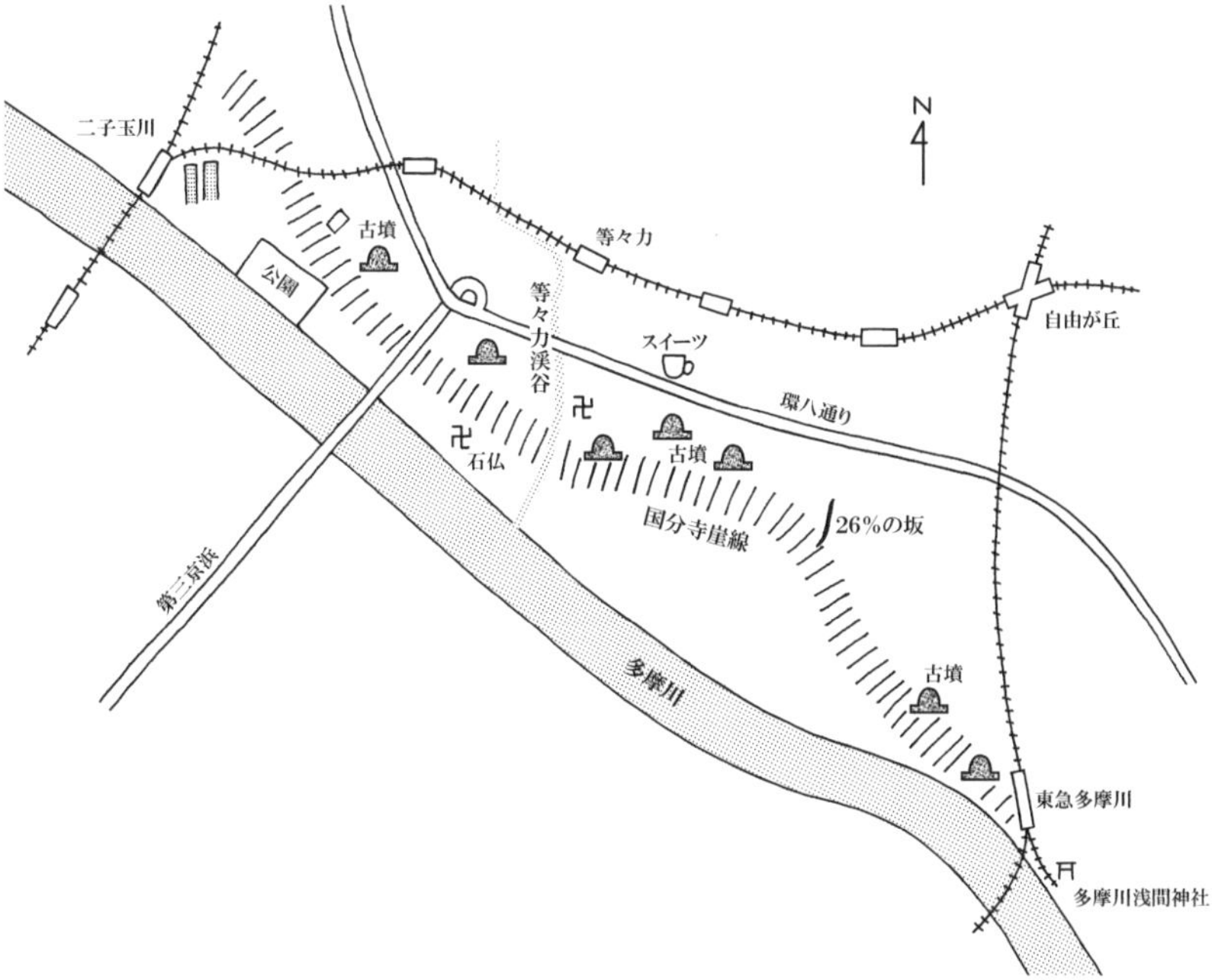

3

赤塚から高島平

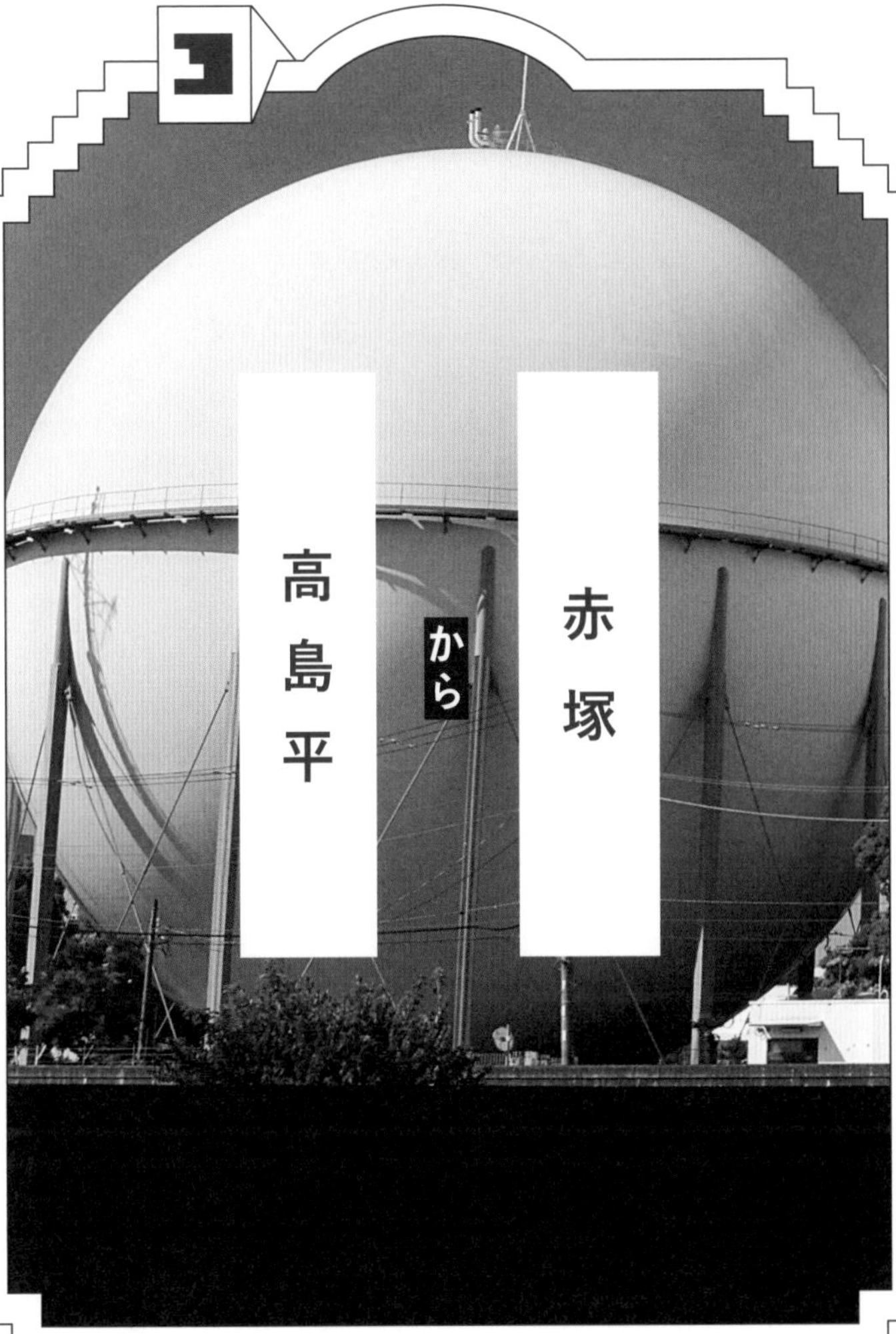

暗渠の魅力はたとえ暗渠でなくたって魅力

地下鉄の赤塚駅に来たのは初めてだった。

人生初である。

人生初の駅というのは、ちょっとわくわくする。もしこの街に生まれていたらなんて、無意識にシミュレーションしていたりする。

隣に東武東上線の下赤塚駅があり、そちらの駅前に回ってみると商店街の統一看板（入口に門のように立つ「赤塚壱番街」と表示された看板）に仏像がいて、いい感じだった。何の仏像だろうと地図を見てみたが、有名な寺院の参道になっているわけでもなく、商店街の中にも寺はなく、正体不明である。この世に正体不明の仏像ほど見て楽しいものはないので、のっけからいいものを見られて、気分は上々であった。

後に調べたところ、はるか遠くにあって商店街と繋がっているわけでもない東京大仏にあやかっているのだそうだ。東京大仏はまさに今日これから寄って行こうと思っていた大仏である。他人事のように正体不明とか言ったが、実は自分にも関係のある

仏像があるだけでユーモラスになる

仏像だったようだ。

今回はここからその東京大仏を経由して高島平まで歩こうという計画である。東京大仏と高島平をめぐることに一貫したテーマはなく、大仏はどちらかというとオマケなのだが、そこに大仏がある以上は寄らなければならない。大仏とはそういうものだからである。

西山くんとマクドナルドで合流し、さっそく歩き出した。西山くんの顔を見ると暑苦しい。これまでいつも暑かったせいで、条件反射で汗が流れ出てきそうな気がする。しかし今回の散歩は暑くなかった。季節はすでに秋になっていた。

歩き出してすぐ、駅前の辻に庚申塔《こうしんとう》があったので眺めた。

この散歩は何かあるととりあえず眺めることになっている。

とくに庚申塔は眺めるのにうってつけだ。

地蔵などと違って、板状であることが多く、そこに庚申塔と文字が彫られていたり、半肉彫りで青面金剛《しょうめんこんごう》像が彫られていたりする。実は私はこの青面金剛という仏が好きで、普段でも庚申塔があるととりあえず覗き見ることにしている。青面金剛がいいのは、どんぐりみたいなとんがり帽子を被っていたり、腕がたくさん生えていたり、足元に三猿が彫られていたりして、造形がユーモラスだからだ。こまめに見ていくと、たまに抜群にいい感じの庚申塔が見つかることがあるから侮れない。ただ半分ぐらいは文字だけだったりするから、そういうのはスルーである。

今回の庚申塔は青面金剛が彫られていたが、顔面が欠けていたのが残念。それより西山くんが、

「あ、無言板」

と声をあげ、見ると隣の黒い掲示板に存在感があった。

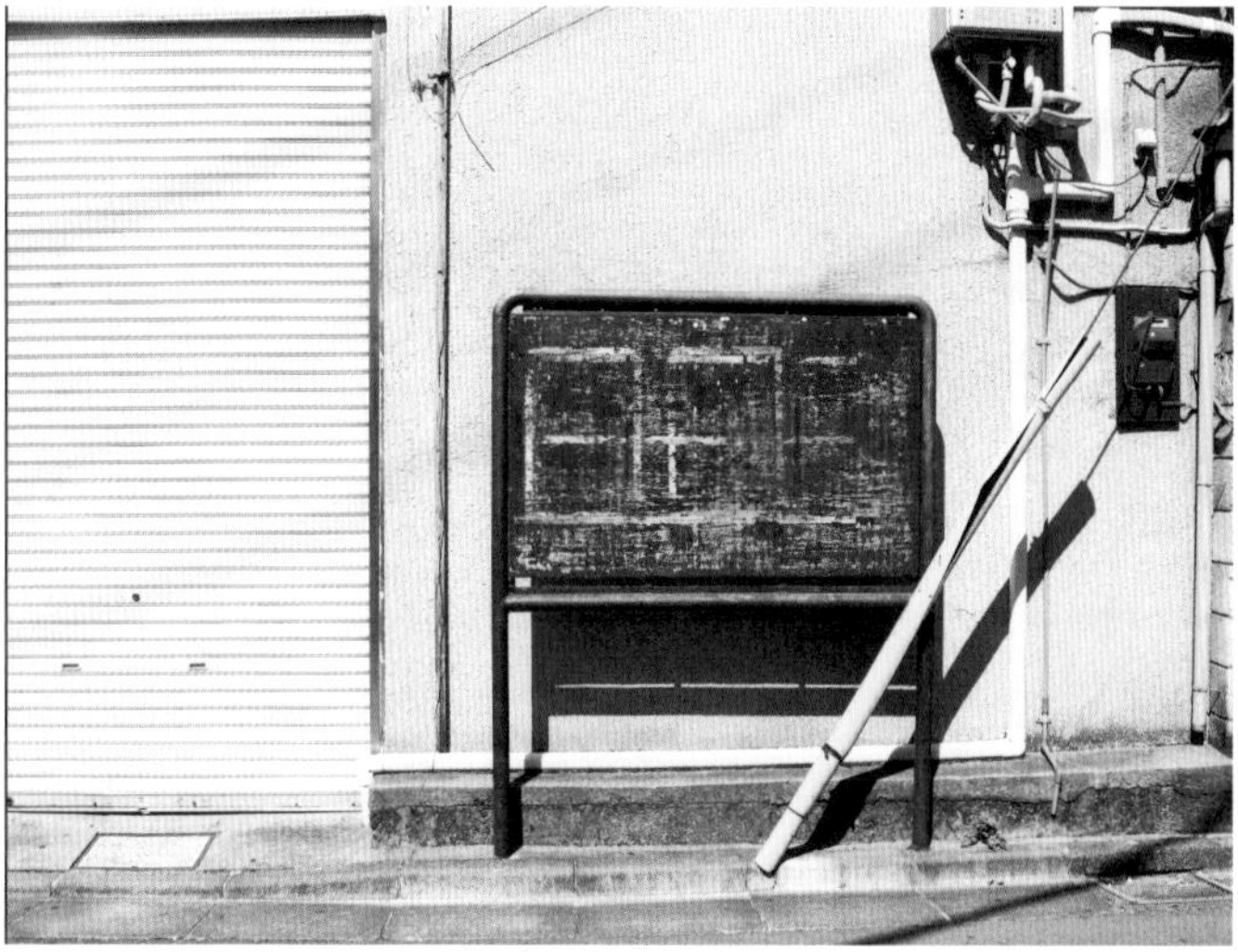

無言の黒

「いいですね、これ。ハードボイルドで無口な男って感じで。チラシも貼らず、媚びてない」

無言板好きの西山くんは、チラシを受け入れない掲示板に不屈の精神を感じたようだ。

たしかにチラシを貼るのは役割行動に過ぎず、仮にチラシがなく誰の役に立っていなくても、板は板として、ただ生きてるだけで価値がある（生きてないけど）という理屈はわからないでもないが、たまたまこの日チラシがなかっただけかもしれなかった。

住宅街の中へ入っていくと、奇妙な祠を発見した。屋根が緑色で珍しい。全体がコンクリートでできていて、扉には南京錠がかかっている。

何の説明書きもないので、いったいどんな神さまがおわすのか全然わからない。神さまなのかどうなのかも不明だ。「私有地につきゴミを捨てないで下さい」の表示があるから、不法投棄防止のためのなんちゃって鳥居と同じようなものだろうか。それにしては作るのに手間がかかってそうだ。

秘仏？の祠

できれば誰か由来を知っている人に話を聞いてみたかったが、周囲には誰もおらず、背後の家の呼び鈴を鳴らすのもためらわれた。突然男が二人やってきて、これは何ですか？　と聞かれても相手も怖いだろうし、こっちも怖い。何を調べているのか、地上げ屋か興信所か、それとも迷惑系ユーチューバーか、などと勘ぐられても厄介である。そこまで詳しく調べたいわけではなく、単なる好奇心なのだ。

仕方ないので、これは秘仏ということで納得することにした。鍵がかかっていて容易に見られるものでなく、地元の人でさえその御姿を知る者は少ない。実は60年に一度、総本山から阿闍梨《あじゃり》を招いて大法要が行なわれることになっており、そのときまで本尊の御姿を拝むことは禁じられている。これはそういう仏なのだ。知らんけど。

ところで、さっきからあちこち寄り道しているが、ただ闇雲に歩いているわけではない。今回赤塚にやってきたのには、理由があった。

暗渠を見にきたのである。

暗渠というのは、もともと川や水路だったところに蓋をしたり上を舗装したりして地下に潜らせた結果、地上から見えなくなった水の流れのことだ。散歩好き界隈ではこのところ暗渠が人気なのである。これまで暗渠に注目して散歩したことはなかったけれど、そんなに人気があるなら、その魅力をちゃんと味わってみようと考えたのだった。

そこで暗渠マニアックスというユニット名で活動している髙山英男さんと吉村生さんの著書『暗渠パラダイス!』を事前に読み、板橋区の前谷津川《まえやつ》に狙いを定めてやってきたのである。

その本の中で髙山さんは前谷津川を板橋三大暗渠のひとつに選んでいて、地図で調

さりげない暗渠の入口

べてみると、これが結構狭い路地になっていたりして、面白そうだった。これまでまるで意識していなかったので、今回はちゃんと見定めて歩こうと思う。

そうして『暗渠パラダイス！』の表記を頼りに、住宅街の中に残る暗渠とおぼしい小径を探り当てることができた。

『暗渠パラダイス！』では、そこが暗渠であるサインとして、橋跡、欄干、水門、車止め、マンホールの列などを挙げている。

見つけたのは、車止めからはじまる細い小径で、いかにも秘密の通路といった感じが好感度大。さっそく踏み込んでみると、マンホールは列になっているし、両側の家が小径に背を向けていて、玄関がまったくない。この両側の家が背を向けている点も暗渠の重要なサインなのだそうだ。

こんな道を歩いたら誰だって暗渠のファンになるだろう。しかもその道が曲がりくねったりしていればなおさらのこと、そこが暗渠であるかどうかなどと考える前に、わくわくしているはずだ。

今回見つけた暗渠も、ときどき折れ曲がっていて先が見通せない。先が見通せないのは私にとって重要なポイントで、いったいどこへ連れて行かれるのだろうと好奇心が刺激される。それこそわれらが《センス・オブ・ワンダー》そのものといっていい。

前谷津川の暗渠は、ここから隅田川の支流である新河岸《しんがし》川に向かって曲がりくねりながら続いていく。途中から、中央

暗渠には門があまりない

に植栽のある前谷津川緑道と呼ばれる長い遊歩道が整備されていて、これは歩きやすくていい道だが、個人的には住宅街の中に紛れ込んだ、先が予測できない細い細い小径のほうが好きだ。

『暗渠パラダイス！』に面白い考察がある。

「暗渠鑑賞七つの視点」としてまとめられたそれには、暗渠の見方がわかりやすく紹介されている。

それによれば、暗渠には、

- 始まりの地点の「顔」を見る
- 正面から奥を見る
- 周囲の地形を見る
- 表面の状態を見る
- 経年劣化を見る
- 生えている植物を見る
- 付帯物を見る

先が見えないことが大事だと思う

といった鑑賞方法があるという。これを書いた髙山さんは、盆栽の鑑賞法を参考にしたと説明しているが、風景を盆栽的に見るというのが面白い。

七つの視点の中で私が気になったのは、正面から奥を見る、という視点だ。髙山さんは、その眺めは「直」「湾」「消」「遮」の4つに大別されるという。「直」はまっすぐ奥まで見通せるもので、「湾」は曲がりくねっているもの、「消」は曲がりすぎて先が見えないもの、「遮」は何かが視界をふさいでいるもの、だそうだ。それらに優劣はないと書かれているが、私に言わせれば「直」はつまらない。「湾」でも「消」でも「遮」でもいいが、やはり先が見えないことが望ましい。

先が見えなければ、人はそれを想像で補おうとする。そのとき、心の中にこの世とは違うありえない場所を空想することも可能性としては開かれている。つまり異界へ連れて行ってくれそうな感じを味わうことができるというわけだ。

坂を見るときの見方もそうだったように、私の《センス・オブ・ワンダー》はどうやら、その一点がとくに重要なようだ。異界を想像させる力。果たしてそれが誰にでもある普遍的な感性かどうかはわからない。同じように風景を眺めても違う喜びを感じている人もいるだろう。ただどんな人でも、散歩において、その先がどうなっているかわからない道に出会うのは、魅力ある出来事ではないかと思う。

この先は異界

住宅街の中の前谷津川暗渠は、しばらくは住宅の背後をくねるように続いていたが、少し下ると小学校の敷地内へと埋没していった。こうしたくねくね道がもっと長く続いてくれたらと思わずにいられなかった。

三番目大仏巡礼

乗蓮寺にやってきた。東京大仏のあるお寺である。

東京大仏は、黒々とした御姿で境内の一角に坐しておられた。青銅製の阿弥陀如来坐像で、高さは８・２メートルあるそうだ。

一時は奈良、鎌倉に次いで日本三大仏のひとつと言われたこともあったようだが、日本三大仏を名乗る仏像は全国各地にあり、青森にも、富山県の高岡にも、大阪の石切劔箭《いしきりつるぎや》神社参道にも、兵庫でも岐阜のほうでも見たことがある。どれも自らの正統性を謳っているが、おしなべてこじつけ感が否めない。最終的にどれが三番目と決まらないのも、それぞれに説得力を欠いているからだろう。今では茨城県の牛久《うしく》に１２０メートルもある超巨大仏ができて、規模では奈良や鎌倉も霞んでしまい、日本三大仏などすっかりうやむやになってしまった。

そもそも三大仏どころか、巨大に思えた奈良の大仏でさえ高さは約15メートルに過ぎないことを思うと、１２０メートルの牛久大仏は高校生の１００メートル走にウサ

真っ黒な東京大仏

イン・ボルトが出場したぐらい、いやそれよりもっと、子どものけんかにロシア軍がT14型戦車を出してきたぐらい話が違ってきた印象であり、こうなると奈良よりも低い仏さまはもう大仏とさえ呼べないのではないか。中仏と呼ぶべきでは？　などと考えてしまうが、そうはいっても人間よりは大きいので、目の前に立つと東京大仏にはやはり圧倒されたのだった。

東京大仏の特徴はマットな黒さだ。必要以上にギラついていない黒さがいい。

私は以前日本中にある高さ40メートル以上の巨大仏を見て回ったことがある。その後、国東《くにさき》半島にある石造仁王像や、東北地方に散在する人形道祖神《どうそじん》も見て回った。神仏というのはつい回ってみたくなる雰囲気を持っている。霊験があらたかだからというよりも、見れば親近感が湧くからではないだろうか。できれば数を決めてスタンプラリー的に回りたくなるのである。東京大仏もこうやって目の前に立つと、また大仏巡りでもしてみようかという思いが胸の底に湧いてくる。

今度は巨大仏ではなく、日本で三番目の大仏を自称する「三番目大仏」巡りがいいかもしれない。いっそ全国の三番目大仏が互いに連携し、三十三「三番目大仏」などと称して、巡礼コースを作ってくれれば楽しいのにと思ったりする。

思うに、人には、何かひとつの対象を気に入ると、同じようなものが他にないか探し、それらを全部回ろうと考える癖があるらしい。神仏に限らず、今では坂や階段、

大仏というだけでユーモラス

公園遊具や暗渠、電線、鉄塔、給水塔、変な看板などを見て回る人が増えたが、そこにはその対象への愛や興味と同じぐらい、もしくはそれ以上に、対象をコレクションする行為への情熱が宿っているなんてこともあるのではないか。

少なくとも自分にはそんなところがたしかにある。八十八か所とか三十三観音と言われると全部回ってみたくなるのだ。それが階段や公園遊具であれば、すごい階段やレアな遊具を求めて旅をはじめてしまいそうになる。その対象が好きかどうか確かめるより前に、そこにコレクション要素があると知った段階で、食指が動きはじめるのである。

ただ、コレクションへの情熱が対象への愛や興味を上回っていたとしても、最終的にその対象を選びとったのには何か理由があるわけで、いったいなぜそれを見て回ろう、写真を撮りためようと思ったのか、なぜ追いかけたのがそれであり別のものでなかったのか、という点にその人なりの関心のありどころが現れると考えられる。

その意味で巨大仏巡りをした私には、巨大仏を対象に選んだ理由が何かしらあり、それがたとえばタワーでなかった、秘境駅ではなかった理由が何かあると考えるのが自然である。

ところが、それに関して写真家の大山顕さんが面白い論考を書いていた。

『街角図鑑 街と境界編』（三土たつお編著 実業之日本社）の巻末に書かれた「都市鑑賞とは何か」という一文で、大山さんは団地や工場を長年写真に撮り集めてきた自分は、「好き」や独自の「視点」が根底にあってやっているのではなく、それほどの「熱意」があってやっているわけでもないと述懐している。

そして都市にある何かをずっと写真に撮りためている鑑賞家の人たちに、なぜそれらの対象物を撮り集めるようになったかときけば、きっかけは思い出せなかったり、誰かの真似だったりするというのだ。

これには驚いた。もしそうだとすれば、これほど多くの人が街の何かを鑑賞している理由は何なのだろう。それこそコレクション行為への純粋な欲望だろうか。

ここで思い出したのは、以前東京国立博物館でカニの研究者に会ったとき、もともとはカニではなくて、昆虫が好きだったと言っていたことだ。昆虫を研究しようと思って気がついたらカニを研究していたというのだ。大人の事情もいろいろあっただろうし、まあ、カニも昆虫に似たようなものと言えなくもないが、とにかく完全に自分が選んだとは言えないけれど、選んだあとはそれ一直線という性質がどうも人間にはあるようである。

対象の選択が自発的でなくてもいいのであれば、路上で撮り集められるものは無数にある。公園遊具や鉄塔、給水塔、道路標識、変な看板などは比較的わかりやすい対象だが、ビルの壁に使用されている石材とか、落ちているゴミとかを撮り集めている人もいるし、そのほか名前さえはっきりわからない対象物が街や路上にはあふれているので、こうした鑑賞行為は無限に増殖し続けるのかもしれない。

話を自分に戻すと、私が巨大仏を見て回ったのは自分でそれを選んだからだが、行きがかりで別の何かを見て回っていた可能性もあるということだ。

とはいえ私は好ききらいがはっきりしているほうなので、たとえば誰かにマンホールの写真を集めようと言われたとしても断っただろう。

ではなぜマンホールより大仏かと考えるに、私の場合は、異形のもの、異界的なもの、周囲と調和していないもの、に自然に目がいくようである。逆にそれがたとえば超レアなものであっても、マンホールにはたぶん心打たれない。

きっとそれが私の個性であると同時に限界なのにちがいない。異形なもの以外の価値に気づかないという意味で限界である。

東京大仏は、阿弥陀仏としてはオーソドックスな御姿だった。それでも大仏自体が風景の中では異物であり、地図上でも特異点になっている（わざわざそこにマークがついて名称が掲示されている）。これほどわかりやすい特異点もない。何よりも目立っていると言っ

東京大仏のある乗蓮寺山門

ても過言ではないぐらいだ。

思うに、大仏がいいのは、おおむね人間の形をしていながら縮尺が周囲と合っていないところである。これが等身大もしくは小さい仏像だと、芸術的な香りが漂ってくることもあるのだが、人間より大きくなって、街なかに出た途端に、芸術から離れ、ちょっとユーモアが入ってくる。私が巨大仏を好きになったのは、大きければ大きいほど可笑《おか》しみが増すように感じたからでもある。

東京大仏もすでに十分可笑

しみをまとっていた。どこもふざけていないのに、ふざけた物件に見えてしまうのは大仏の性《さが》なのだ。

だから大仏があると散歩がなごむ。そこに大仏があると必ず見に行ってしまうのもそのせいだ。

今回もいい感じになごやかな気持ちになり、われわれはその後近所のそば屋に寄ってランチ休憩をとったのだった。

ガスタンクと空中団地

今回の散歩は、まず赤塚で暗渠を見たあと、東京大仏を経て、高島平をめぐるルートを考えている。

大仏後、赤塚諏訪神社を経て、高島平を目指した。赤塚公園に入ると、公園に沿って東西に首都高速の高架が走っていた。その向こうが高島平だが、高低差がふんだんにあったここまでの坂の多い街と比べると、突然風景が平坦になっているのがわかる。

あらためて地図を見ると、見ても高低差はわからないが、道路の形から、ここまでとこれからの街がまったく違う姿であることが見てとれた。つまり、高低差のある区域では道が曲がったり突然分岐したりと複雑だったのに対し、平坦な高島平ではそれが碁盤の目のように整然としているのである。

高島平はもともと湿地帯だったところを埋め立ててできた新しい街で、個人的に碁盤のような道を歩いても単調で楽しくないと思っているので、急に散歩がつまらなく

ひょっこりガスタンク

感じられてきた。
西山くんが、三つ子のガスタンクがあるというので、それだけを心のよりどころにして歩く。
ガスタンクは丸くてでかいというだけの建造物だが、四角い建物やまっすぐな道路の中にあって、丸いものは目立つし、しかもそれがでかいとなれば、街の特異点としては十分である。実際、まっすぐな道を歩いて団地の向こうにガスタンクの頂部が見えてきたときには、ガスタンクなど何度も見たことがあるのに、ちょっとした感動があり、おお、と思わず声が出た。

団地とガスタンクという、四角いものと丸いもの、日常的なものとどちらかというと非日常的なものが、いっしょに見えたことで、風景に違和感を覚えたからだ。端的に言って妙なのである。ちょっと笑ってしまいそうな感じもある。

さらに近づいていくと川べりに出て、ガスタンクは新河岸川の対岸に鎮座していることがわかった。

堤防の向こうに3つ並んだガスタンク。

想像していた通りの意外でもない眺めだったが、それでもほのかな情緒があった。あらためてガスタンクをまじまじと見てみると、思った以上にかっこいい。

「前に勤めていた会社の総務の人が高校時代に授業サボって三つ子のガスタンクを見に行った、って話をしてるのを聞いて馬鹿にしていたんですが、反省します」

と西山くんが言った。

「今はわかります。授業サボって見にくるべきです」

そうだな。よく反省したまえ。これはそれだけの価値がある。

「東京大仏より大仏感がありますね」

と西山くんはヘンなことを言ったが、言わんとすることはわかった。大仏感という

圧巻

のは、つまり異物感というか、唐突感のようなものだろう。あるいは、ぬっとそこにある感。

私が巨大仏巡りをしたときも、重視したのはその唐突感であり、ぬっとある感であり、周囲とのそぐわなさ、違和感だった。

私は『晴れた日は巨大仏を見に』という本の中で、風景の中に唐突に現れる巨大仏に惹かれる理由を考察し、それはつまり、この世があるということの不思議、あるいは、世界が存在していること自体の怖さのようなものが、うっすらとほの見えてくるからではないかと結論づけた。それは巨大仏だけでなく、風車のような巨大な構造物に共通して感じられる不気味さである。

巨大なものは不気味なのだ。

3つのガスタンクも、ふつうに見れば朗らかでちょっとユーモラスな風景だけれども、じっと見ているうちに、お前のことなんかまったく知ったことではない、とでもいうような非情さが感じられてこないだろうか。われわれ自身が世界から拒絶されていること、この宇宙にとって私の気持ちなどまったく取るに足らないものであること、巨大仏やガスタンクは、それを突きつけてくる存在のような気がする。

検索してみると、ガスタンクにもマニアがいて、全国のガスタンクを撮影して回っているようだった。集める対象としてとても共感できるし、いい写真がたくさんあった。そこには巨大なものの不気味さに関する言及はなかったが、特異点になるほど存在感のあるも

2階建ての舟渡大橋

のは、たいていすでにマニアがいて写真を撮り集めているのだった。

ガスタンクを見送り、われわれはさらに散歩を続けた。

新河岸川に沿って東へ進むと、少し珍しい感じの橋にたどりついた。2階建てで上が車道、下が歩道になっている。舟渡《ふなど》大橋というらしい。歩道が幅

やたら広い歩道層

広く、やや持て余したような使われ方をしていた。

この橋は眺めがよかった。

さまざまな鉄塔が見えたのである。

鉄塔！

これもまたマニア心をくすぐるアイテムだ。

鉄塔のよさは、巨大仏や風車やガスタンクと違って、風景の中に唐突にある存在感だけでなく、それらが電線によってどこまでも繋がっているところである。

鉄塔は美しい

昔、『鉄塔 武蔵野線』（銀林みのる著）というジュブナイル小説が日本ファンタジーノベル大賞を受賞したことがあって、あのとき色めきたったマニアは少なくなかった。私もマニアほどではないものの、ああ、やっぱりみんな好きだったんだとひとりでうんうん頷《うなず》いていたのを覚えている。

舟渡大橋から見える鉄塔は、とくに北側が充実していた。赤と白の縞《しま》模様の鉄塔もあれば、細く背の高いもの、三角形に頭を広げた形のもの、どっしりとした板状のものなど、それぞれの形の意味は知らないけれど、鉄塔が集まって見えると豪勢な感じがする。

惚れ惚れするので、この散歩でもそのうち鉄塔メインにした回を企画したい。今回は時間もないので見るだけにして、詳しくはその際に語ることにする。

舟渡大橋を渡り、都営三田線の西台駅方面へ向かった。西台駅に今回最大といってもいい見どころがあるのだ。

それは団地である。

団地が線路の上に建っているのだ。私はこれを大山顕さんの「東京団地ミステリー」というWEB記事で知った。

大山さんの団地好きに対して、私は団地の魅力がよくわからない。わからないどころか画一的な住居が並ぶ構造はむしろ忌避すべきものぐらいに考えてきた。住むなら個性的な間取りの家に住みたいと思うタイプなのだ。

一方で、線路の上に建つ団地と聞くと、

よく見ると下に電車が

長い脚が生えた団地

住みたいかどうかは別として見てみたい。しかもそれが何棟もあるというのだから面白そうである。

たどりついてもすぐには全体像がわからなかった。最初に見えたのは線路の上に建つ団地とスロープだ。建物3階分ぐらいの高さまで上がる道が線路脇にあって、その向こうに電車が見えていた。

この団地は東京都交通局志村寮というらしい。

団地そのものは5階建てだが、その下に長い脚がついているので8階建てぐらいの高さがある。そしてこの2列の長い脚のおかげで、全体がやや動物ぽいというか、『スター・ウォーズ』のAT-ATスノーウォーカーのような雰囲気になっている。その脚の間に線路が走っていた。

線路の上に住むのは、電車マニアにとったらうれしいことなのだろうか。よくわからないが、真下に電車があるなら、家の中から特別なパイプとかを通って、シューッと誰よりも早く乗車したいものだ。

ちょうど電車分の厚み

この時点ですでに面白い絵なのだが、スロープを上がると、幾本もの線路上を渡る橋があり、そこからこの「世界」の全貌を見るとさらに圧巻だった。

広大な車両基地とその北側に線路上にそびえるAT-ATスノーウォーカー団地が3棟、南側には線路上に蓋をするように人工の地盤がつくられ、その上にさらに巨大な団地が4棟重たそうに建っている。こっちは都営西台アパートというらしい。

よく線路を押しつぶさないでこんなデカいものが建っているな、というのが第一印

車両基地の上に重そうな団地

象だった。めっちゃ重そう。

一般に車両基地というだけで見ごたえがあるのに、それに団地が載っているのだから、興味がそそられないわけがない。とにかく厚みのある巨大な建物が、地下に虚ろな空間（車両基地）を抱えながらそこにあった。

団地の建っている平面はつまり車両基地の屋上と言えるわけだが、そこには駐車場あり公園ありで、樹も生えているなど、ふつうの街角になっていた。まるでこっちが本来の地面で車両基地は地下にあ

団地の下からはみ出す車両基地

るとでもいうように。

西台駅方面へ下るスロープからは、この巨大団地の下の車両基地を覗くことができた。この車両基地にはいったい何本の線路があるんだろう。20本以上はあると思う。

上があまりに重そうなので、その下に空洞があるのがいかにも不安な印象を与える。支える重量に比べて柱が細すぎるように感じなくもない。いったい何本の柱でこれだけの重量を支えているのか知らないが、大丈夫なのだろうか。

ふと、長崎の軍艦島を思い

出した。

団地の住民の方々には申し訳ないのだが、まるで廃墟になる寸前のように思えたのだ。

廃墟にはあんぐりと空いた黒い闇がつきもので、ここはまさに土台があんぐり空いているから軍艦島を連想したのかもしれない。住んでいる人、ほんとすみません。

思えば団地というものに私はうっすらと拒否感がある。思春期を大阪の千里ニュータウンで過ごし、団地とマンションに囲まれて育ったせいかもしれない。私が住んでいたのはマンションだったが、5階建て以下のエレベーターがついていない団地を見て、あれには絶対住みたくないと思っていた。それにどの部屋も同じ間取りというのも嫌だった。マンションも似たようなものだが。

そんなわけなので昨今、団地が好きという若い人が増えているのを知って、彼らの気持ちが理解できないでいる。家賃の安さが魅力というならわかるが、そうではなく、

こう見えて屋根の上

彼らは団地そのものに惹かれているようなのだ。

　これはわずかな好みの差のようでいて、実は大きな違いのような気がする。深層心理からして違っているのではないだろうか。

　お金がないから安い団地に住むというのではなく、団地にこそ住みたい、団地こそ至高という意識の底には、いったい何があるのだろうか。

　本書は、私自身の趣味嗜好だけで散歩するのではなく、自分以外の人が散歩しながらつい鑑賞してしまうものを、先入観にとらわれずに鑑賞してみるのも大きな目的のひとつだが、暗渠や大仏やガスタンクや鉄塔といった自分の琴線にも触れるもののなかで、団地という自分にとっての異物を見てみると、そのことで逆に自分の《センス・オブ・ワン

柱の強度は十分なのか心配になる

車両基地の上とは思えない都営西台アパート

ダー》の輪郭が浮彫りになってくる気がする。

対象物の選択から、なんとなくその人の過去の経験や人となりが類推できそうな気がしてくるのだ。

一方で、大山顕さんが言っていたように、何を対象に選ぶかにたいした理由はなく、なりゆきや人真似に過ぎないという考察もあるから、ややこしい。

おそらくそれは白黒決着がつくような問題ではなく、グラデーションがあるのだろう。

私には、何かが鑑賞の対象

として選ばれたとき、それには何らかの魅力があったからだと考えて、その対象の持つ魅力素とでもいうべきものを抽出してみたい衝動がある。仮に共感できなかったとしても、理解したい。

なので今回の散歩では最終的に、団地の魅力素は何なのかという謎が私の中に残った。歩いているうちに、いつか解明できればと思う。

われわれは、西台駅を後にして、さらに東へ進み、ストリートビューで目をつけてあった児童公園を見に行った。

公園にはヘビの巨大な遊具がのたくっていて、そういうのは他で見たことがなかったので実物を見てみたかった。

ヘビは途中ぐるっと円を描いて伸びていて、子ども時代の自分だったらこの上を地面に落ちないように端から端まで歩けるか挑戦するだろうと思った。ただ跨《また》がるだけの公園遊具よりずっと面白い。

ヘビは二匹が向かい合っていた

補強工事中の歩道橋

そして最後は、西山くんが事前にリサーチして見つけたおだんごを食べに行ったのだが、すでにおだんごは売り切れており、かわりにずんだ餅を食べた。

途中、歩道橋が改装工事で積み木みたいに囲われているのも見た。これはこれで深掘りしたい面白い風景のような気がしたが、今日はもうだいぶ歩いたので、写真だけ撮って撤収したのである。

今回さんぽした場所

赤塚から高島平まで

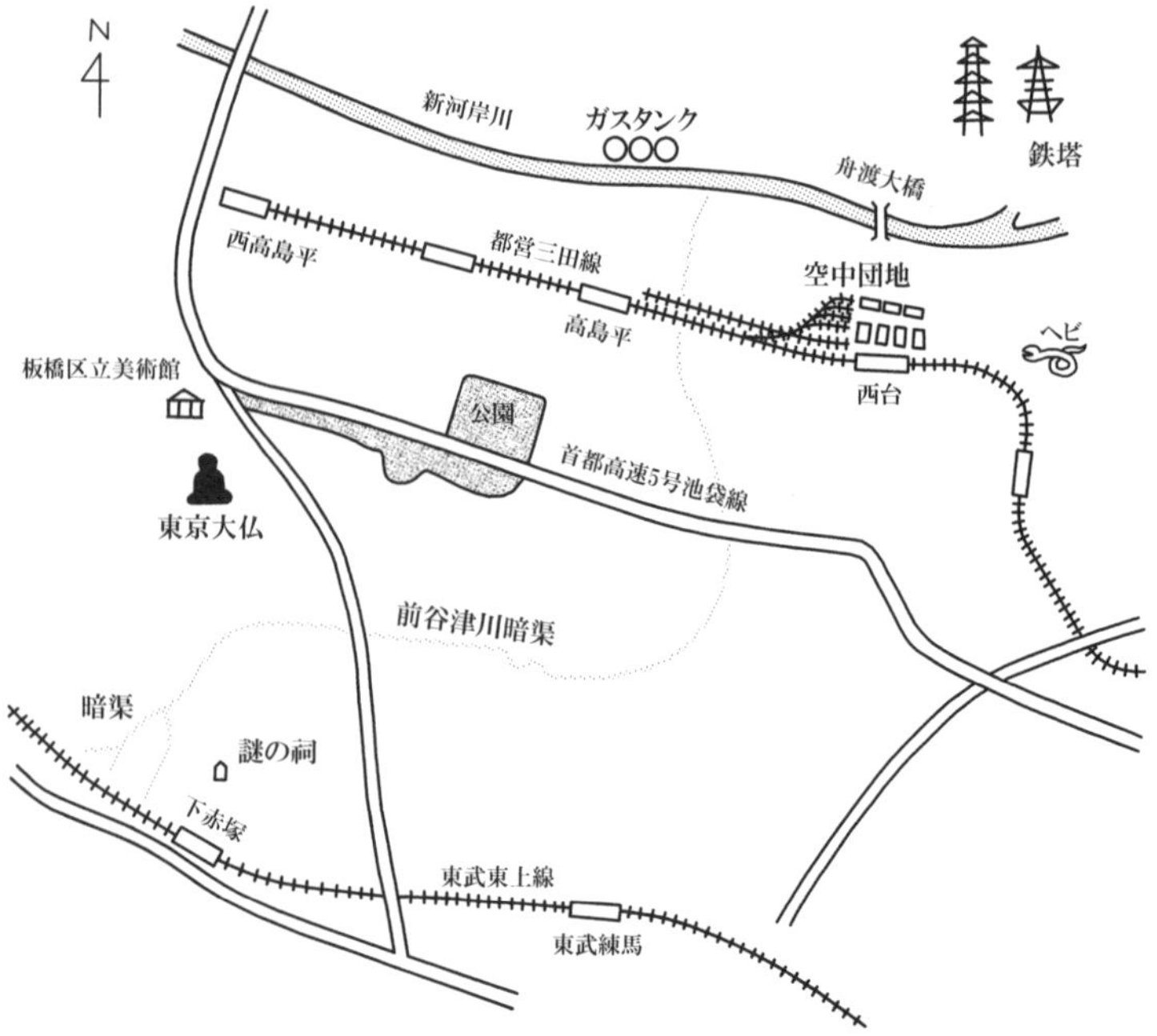

41 大鳥居から平和島

交通公園と富士塚は似ている

4回目の散歩に向け、西山くんと集合したのは京浜急行の大鳥居駅である。羽田空港へ向かう京急空港線の途中駅だが、地元民でない私にとって、京急空港線というのは、ごくたまに羽田に向かう際に利用するだけの馴染みの薄い路線ながら、駅名が妙にそそられて気になっていた路線でもある。

とくに気になる駅名が大鳥居と天空橋だ。大鳥居というからには、尋常でなくデカい鳥居があるのだろうか。天空橋はなんともロマンチックな名前の橋だ。空へと翔《か》け上がるようなかっこいい橋なのだろうか。

ま、実際のところは、名前がかっこいいだけで普通の橋なんじゃないかと思うけれども、何か羽田空港とからめたユニークな橋だったりするのかもしれないという一縷《いちる》の望みも捨てていない。

これまで歩いてきた街はたいてい高低差に恵まれ、道が迷路状だったり、いい感じの坂や階段があったりした。しかし、今回歩くゾーンはほぼぺったんこだ。ところに

交通公園

よっては埋立地だったりする。なので、高低差の恩恵は受けられない。

そのかわり、海が見えるのは大きなポイントである。

海が見えれば、散歩はその時点でもう楽しいことが約束されたようなものではないか。

そんなわけで西山くんと大鳥居から海を目指して歩きはじめた。まずは南下して多摩川へ向かう。すると歩き出してすぐ、交通公園に出くわした。

交通公園は、車道を模した公園で、二車線の道路に横断歩道や信号機、道路標識、踏切などが配置され、子どもが自転車で走ることで交通ルールをうっすら学ぶことができる仕組みだ。うちの近所にもあり、珍しいものでもないが、なんとなく出会うとうれしい存在である。

なぜうれしいかというと、空想を育んでくれる公園だからだ。交差点も踏切も全部偽物であり、その偽物をまるで本物のように交通ルールを守って走ることで、今この空間が、どこか架空の都市に思えてくる。そうでなくても子どもは、遊具を家に見立てたり、石ころを肉に見立てたり、なんでも空想して遊ぶものだ。

なので私も昔交通公園が大好きだった。小学校のときは、少し離れた街にある交通公園まで、わざわざみんなで遠征したほどだ。

きっとみんなもそうだろうと思ったら、西山くんは初めて見たという。

「え、交通公園知らないの?」

「知りませんでした」

ええっ! そんな日本人がいるのか。

「見たことありません」

信じられない。

「近所にはなくても、少し遠くに行けばあったでしょ」

「小学生の頃は、校区外なんてほぼ行きませんでした。隣町の公園なんて行ったら、その町の小学生が金属バット持って集まってきますから。よその校区は行ったらヤバいです」

北斗の拳か！

「ちなみに地元どこ？」

「奈良です」

奈良県おそるべし。

西山くんは後にスマホで検索し、全国の交通公園分布図を探し出して、私に見せてくれた。

それを見るとたしかに奈良県に交通公園はひとつもないようだった。そうなのか。交通公園なんて全国どこにでもあるものだと思っていた。しかし実際は首都圏や京阪神、東海のほか山陽道沿いに集中してあるばかりで、まったくない空白地帯も結構あるのだった。

となると、これを読んでいる人のなかにも交通公園を見たことがない人がいるかもしれない。そこはぜひ検索してほしいが、衛星画像で見れば、あたかもそこにミニチュアの街が潜んでいるかのような公園が見られると思う。

それは上から見ると自動車教習所によく似ており、自動車教習所の迷路っぷりも個人的に好きなので、交通公園は私の琴線に触れまくるスポットなのであった。

今回出くわした萩中公園は、そんな魅惑の交通公園のなかでも、とりわけいい感じであった。うちの近所の交通公園だと、縦横の道路以外はS字クランクっぽい短い道路が1、2か所あるだけだが、ここにはまるで山か草原の中を走るような曲がりくねった道路があって、都市だけでなく田舎の道路も妄想できるようになっている。

こんな交通公園は初めて見た。

おかげで公園全体のリアリティが増し、ここで遊ぶ子どもは一層この架空の世界に没入しやすくなることだろう。

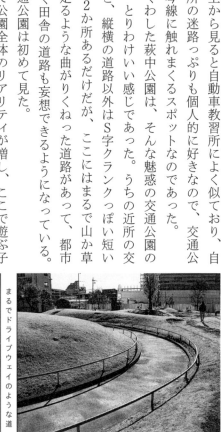

交通公園は、今でいうメタバースなのである。

まるでドライブウェイのような道

隣接するガラクタ公園には、蒸気機関車や路面電車などの乗り物が置かれていて、子どもたちが中に入って遊ぶことができるようになっていた。電車の車両が置かれた公園は珍しくないが、ここがすごいのは、消防車やトラック、さらにはモーターボー

荷台で遊べるトラック

トまで置いてあることである。消防車までは見たことがあるが、トラックは初めて見たし、モーターボートにいたっては公園に置かれている姿を想像したことすらなかった。

　トラックは階段がついて荷台に乗れるようになっていて、子どもが乗って遊んでいた。子どもというのは一度はトラックの荷台に乗ってみたいと思っている生き物だから、絶対うれしいはずだ。

　モーターボートは半分土に埋もれた形で、高さがないから、プールサイドのジャグジーみたいになっていた。希少なわりに、こっちは使いでがなく、子どもウケはあまりよくなさそうである。モーターボートじゃなくて漁船とかプレジャーボートだったらよかった。

そのほかスペースシャトルみたいなものもあり、この公園だけで陸海空を制覇しようという意気込みが感じられたが、スペースシャトルは本物ではなく、コンクリートでつくった遊具なので、そこだけチャチで、とってつけた感は拭えなかった。

「子どもの頃にあったらハマりそうです」

初めて交通公園を見る西山くんも、この充実ぶりには納得がいったようだ。


交通公園を出てさらに南下。

少し歩いたところで羽田神社に立ち寄ると、境内の奥、本堂の脇に羽田富士塚があったので、見に行ってみる。

富士塚というのは、富士講の巡礼者たちが富士登山の記念、もしくは、富士へお参りしたくてもできない人の礼拝用に、溶岩を積み上げて作ったミニチュアの富士山

地面にボートがある奇妙な光景

で、途中途中に石碑だの祠だのを建てて、立体曼荼羅《まんだら》のようになっている。高さは4メートルぐらいだろうか。

多くは江戸時代につくられ、関東各地で見られるが、この羽田富士は、明治初年に築造されたものだそうだ。

信仰の対象であり、大田区の文化財にもなっているので、こんなふうに言うのもなんだが、私には登って遊ぶ公園遊具の一種に見えなくもない。

これに登ることで富士山を登った気持ちになるのは、富士塚がヴァーチャルな体験をさせるための存在だからである。人はこれに登って富士山を頭に思い描く。つまり子どもが公園の遊具を家に見立てて、ここが玄関で、ここがお風呂ね、なんて言ってるのと同じことが、富士塚でも行なわれるわけである。

スペースシャトル

『ご近所富士山の「謎」』（有坂蓉子著）は、関東地方に散在する富士塚を見て歩いた本だ。

羽田富士塚

この本によれば、富士塚はただ溶岩を山のように積んで山にするだけでなく、てっぺんに奥宮である浅間《せんげん》神社を祀り、中腹にぐるっと回るお中《ちゅう》道《どう》を設け、正面右側に小御嶽《こみたけ》神社の碑、できればここに天狗の石像と、登山道の七合五勺の左側には烏帽子《えぼし》岩を置き、さらに山麓右側に洞窟をつくるのが正式なのだそうである。

それだけではない。ものによっては砂走りや宝永山《ほうえいざん》、大沢くずれ、金明水、役行者《えんのぎょうじゃ》像など、さまざまなアイテムを組み合わせるらしく、結果として、相当込み入ったミニチュアができあがるのだった。

ゴチャゴチャとデコレーションすればするほどそれはリアリティを増し、幻想の密度が濃くなっていく。

公園遊具でいえば、ここが自分の部屋で、ここがトイレで、と決めごとを細かくしていくほど気分が盛り上がっていくのと同じで、要素が増えれば増えるほど富士塚も登って楽しいものになっていく。

羽田神社の富士塚も、てっぺんに浅間神社の祠があり、途中ぐるりとお中道もつくられていて、本格的である。どれも溶岩やコンクリートでできているため、色は地味で、遊具感も薄いが、よくよく本質を見極めてみれば、公園遊具と同じ原理で利用すべきものであるのは明らかだ。違いがあるとすれば、公園遊具はそれを何と仮定しようが自

頂上に浅間神社

由なのに対し、この山は富士山でなければならない点だけである。

　登ってみれば、途中五合目などの表記があって面白い。五合目から頂上までほんの数歩で登れた。

　石碑のひとつに先達の名が刻まれ、そこには登山五十回、雪中登山十回、中道八回とあったから、その人はそれだけ登ってきたのだろう。さらっと書いてあるが、大変だったと思う。それを富士塚に登ればさくっと追体験できたことになるのだから、便利な仕組みである。

　西山くんもなんとなく登って、とくに感想もないまま、またなんとなく下りてきた。妄想を楽しんだかどうかは聞かなかった。

あっという間に五合目

鉄塔と大鳥居

富士塚のあった羽田神社を出て、さらに南の多摩川へ向かう。駅を発ってまだ1キロも歩いていない。おまけに海を見ながら歩くと言いつつ、海にも到達していない。まだまだ先は長い。

少し進んでようやく多摩川の畔《ほとり》に出たところに、高い鉄塔が立っていた。赤と白に塗り分けられた鉄塔は、きっぱりとした青空に映えていた。見上げるだけで気持ちがいい。せいせいするような鉄塔だ。

とくに赤と白に塗られているのが美しい。色がついているのは、高さが60メートル以上ある場合はそうしなければならない決まりだからだそうだ。つまりこの鉄塔は、とりわけ背の高いタイプだということである。

鉄塔にはいろいろなタイプがあり、赤白以外にも、変わった形のものが立っていると、気になって見てしまう。一番多く見られるのは四角鉄塔と呼ばれるタイプで、そ

鉄塔はいつも青空に映える

のほかに矩《く》形《けい》鉄塔、門型鉄塔、烏帽子型鉄塔、ドナウ型鉄塔などの種類があるらしい。ファンの間ではさらに細かく分けて愛称などもつけられているようだから、いずれそのへんも研究する必要があるだろう。

そういえば、さきほどの羽田神社の横にも鉄塔があった。

低い門型の鉄塔で、そこを最後に送電線は終わっていた。そこまで盛大に空を渡ってきた送電線が、いきなり終了。なかなかレアなものを見たような気がしたが、いつも気にしていないだけで、案外あちこちにあるのかもしれない。近所の住宅などへ電気が散っていく変電所なのだろう。

赤白の鉄塔は、その終点の門型鉄塔から繋がっており、赤白の先は多摩川を渡って南のほうへ送電線が続いていた。目でたどると、その先5つ6つの鉄塔が立っているのが見える。その先のどこかに発電所があるわけである。

眺めていると、それぞれが何か考えているように思えてきた。鉄塔には何か人間らしいところがある。すっくと独り立ちしている姿は、二足歩行の人間と似ているし、常に隣の鉄塔と繋がらずにはおれないところも人間のようだ。

聞くところによれば、北欧には人間や鹿の形をした鉄塔があるらしい。面白い試みとして評価されているそうだが、もともと鉄塔には生命が内包されていて、それに形が与えられただけなのではないかという気さえしてくる。鉄塔は生きている、とは言わないまでも、

送電線の終点

鉄塔萩中線

鉄塔は思索している。

私は夢想する。

鉄塔が送電線を介して互いに声をかけあっているところを。

話題は、きっと、同じ場所にじっとしていることの退屈さについてだ。「どうだ、全員で一斉に動かないか。みんなが同じ方向に動けばいけるんじゃないか」とかなんとか。本当は自由に歩き回ってみたいのだが、そんなことをしたら送電線が切れてしまうから、ストレスが溜まっているはず。

考えれば考えるほど鉄塔に惹かれる。鉄塔にファンが多いのがよくわかる。今回はここまでにしておくけれども、鉄塔については今後も研究を続けていく必要がありそうである。

つい、鉄塔に気をとられてしまった。

われわれは早く海へ向けて進まなければならない。まだやっと多摩川に到達したところである。ここからは海の方向、すなわち羽田空港方面に向かって川を下っていくことにする。

ところで私は多摩川のずっと上流のほうに住んでいるので、多摩川には十分に親しんでいるつもりだった。だが、それは思いちがいだったかもしれない。考えてみたら、多摩川の河口を見たことがなく、いまだ多摩川がどんなふうに終わるか知らないのである。それなのに多摩川のことならよく知っていると思っていたのは、自惚れもいいところだ。

では、いったい多摩川の河口はどんな場所だろうか。

一般に、それなりに大きな川の河口付近というのは、どんな川でもちょっと寂しい感じになっているもので、都市部を流れてきた川ならなおさらそうである。少し上流

砂浜があるとなお寂しい

までは川辺に人の姿も多く、人と川の間には親密な関係（川べりを散歩して休日を過ごすとか、子どもを遊ばせるなど）があったのに、河口に来ると、建物も減って人の姿がまばらになり、めっきり場末感が漂いはじめるのだ。

多摩川の河口もまさにそうだった。

人の気配が少ない。

東京と神奈川の間を流れる天下の多摩川の終わりがこれ？　というような打ち捨てられた感。あんなに大人気だったのに今ではすっかり落ちぶれてしまったロック歌手のような雰囲気。下流左手に羽田空港の建物が見える以外は、三途の川のようだった。

西山くんは、川に沿ってれんがの壁が続いていることに興味津々の様子だったが、私は川の寂しさに気をとられ、それどころではなかった。

たしかにそこにはれんがの堤防が続いていて、由緒のある歴史的建造物のようだ。

西山くんは、後日以下のようなメールを送ってきた。

《背丈が随分と低く可愛い感じですが、こんな高さでも役に立つんだなあと意外に思ったり、今は堤防の内側にあり、特に役に立っていなそうですが、ちょっと丸みを帯びつつ、地元の人に愛されて残されているのかなと思いました。空襲の際は防火壁になったとのことで実は有能すぎる堤のようです》

さすが編集者である。なにごともよく観察している。

一方、私はといえば、写真も撮り忘れたほどである。

川べりに玉川弁財天の小さなお堂があったので覗いてみた。いい感じの龍の彫り物があって、しばし見と

玉川弁財天のお堂の龍と蛍光灯

れる。

さらに境内の隅にあったお地蔵さんを見ると、布団を被っていた。一見ふざけてるみたいで面白いが、見た目に反して不安な気持ちをかきたてられた。このお地蔵さんは、なぜ布団を被っているのか。地震に備えているからではないのか。あるいは空襲に。そんな思いが胸をよぎる。

そしてそれが当たったのか関係ないのかわからないけれども、この周辺には関東大震災や東京大空襲で多くの遺体が流れ着いていたことをこの直後に知った。

北から小さな川が流れ込む突端部分に、水中につきだしたお堂があり、五十間鼻無縁仏堂とあったのである。この突端は五十間鼻《ごじゅっけんぱな》と呼ばれているらしい。そこに震災や戦争時、多くの水難者が流れ着いたため、無縁仏堂を建てたと説明書きにあった。

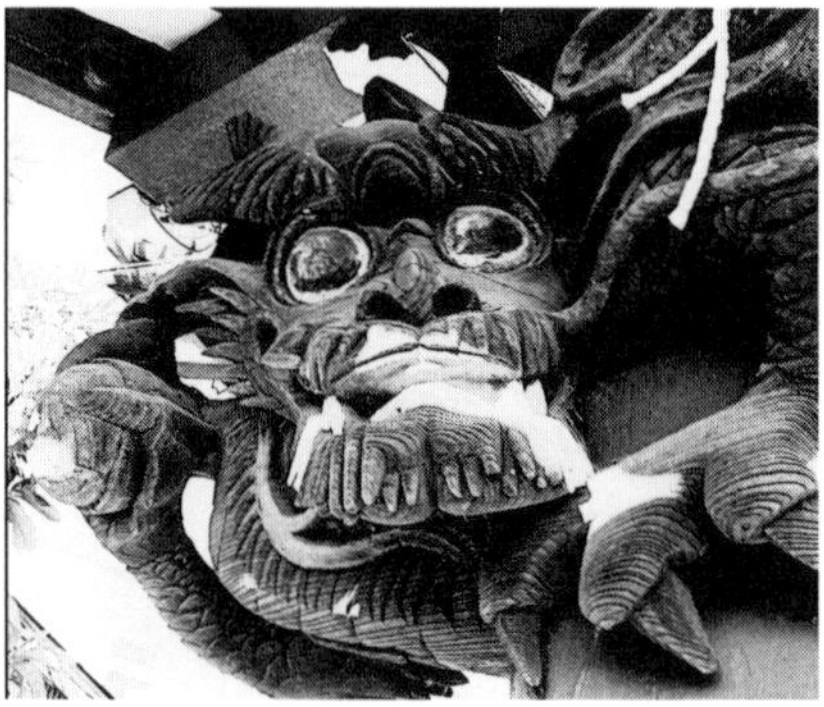

人間くさい龍がいた

ここは悲劇のスポットなのだ。

そんな過去を知らずとも、この地に三途の川っぽさを感じずにはいられないのは、

布団を被ったお地蔵さん

河口というものが本来そんなふうに遺体が流れ着きやすいトポスだからだと思う。

　川幅が広がり、砂洲や砂浜ができると、そこに川から流れてきたものが堆積する。今のような文明が発達する前には、きっと動物や人の死骸が溜まる場所だったのではないか。震災や戦争があると、それがはっきり目に見えるようになるということも、ありそうな気がする。

　この五十間鼻に流れ込んでいる川は海老取《えびとり》川というらし

い。これは羽田空港と本土を隔てる、川というより細い海だった。その細い海を渡った対岸に鳥居が見えている。

　鳥居は、戦後進駐軍に接収されるまで羽田空港内にあった穴守稲荷の鳥居が移設されたもので、撤去しようとすると、怪我人が出たり、関係者に病人が出るなどして、長い間撤去できなかったという都市伝説がある。それが平成の時代になってこの地に移されたわけだが、なぜ穴守稲荷とは別のこの場所に移されたのだろうか。そもそも動かそうとしたらヤバいことが起こると言いながら、あっさり動かして大丈夫だったのか。いろいろとわからないことだらけだ。

五十間鼻無縁仏堂

　そして何より一番わからないのは、大鳥居駅の駅名の由来になった大鳥居はこれではないという事実である。実際、大鳥居というほど大きくもない。私はてっきりこれが大鳥居なのかと思っていた。道理で大鳥居駅からずいぶん遠いと思ったのである。むしろ駅でいえば天空橋がすぐそばだ。

動かせなかったけど動かした鳥居

では大鳥居駅の由来になった大鳥居はどこにあるのか。というと、そっちは今はもうないとのことである。ややこしい。

今回は巨大な鳥居が見られるかと期待していたが、あてが外れたのである。

対岸の鳥居のそばまで見に行ってみると、動かすと祟《たた》りがあるとまで言われた鳥居にしては、ごくありふれた感じで、拍子抜けした。

由来を書いたパネルがあり、それによれば、羽田空港がで

天空橋

きる前は、このあたりは穴守稲荷あり、鉱泉あり、海水浴場ありの一大レジャーランドだったらしい。まるで想像ができない。とくに海水浴場だったというところ。今はとても泳ぐ気がしない。

そういえば先に見た砂浜の砂がずいぶん白くてきれいだった。今はほとんどコンクリートの護岸に覆われてしまったが、往時はなかなか素敵な海だったのかもしれない。

そんなわけでずっとその名

前にそそられていた大鳥居駅への期待は裏切られた。どこかに大鳥居が存在していてほしかった。空港線の駅でもうひとつ期待していた天空橋はどうだろう。

こっちは実在した。

行ってみると、鉄錆色の武骨な歩道橋で、空へ翔け上がるようなロマンチックな橋どころか、地に足の着いた堅実な橋であった。これに天空橋という名前をつけた人の感性を疑う。

それよりも隣の穴守橋に飛行機のオブジェがあって、そっちのほうが天空橋の名にふさわしい気がした。

謎の岩山と道路の切り身

進駐軍による羽田空港（東京飛行場）接収に際し、移転させられた穴守稲荷神社へ行ってみる。

かつては西の伏見稲荷、東の穴守稲荷とまで謳《うた》われた名刹だそうだが、今ではそこまで名を轟《とどろ》かすことはなくなり、境内もそれほど大きくない。拝殿の横に鳥居が並んだ一角があって、その最奥に何やらこげ茶色の岩のようなものが見えた。赤い幟《のぼり》がたくさんはためいている。

穴守稲荷の岩山

鳥居をくぐって近づいてみると、それは岩山に模してつくられた奥之宮だった。表面に溶岩をはりつけて、さも岩山であるかのように加工されている。

これはいったいなんのためだろうか。境内図

各所に無造作に積まれた鳥居が

稲荷上乃社と、御嶽神社

奥之宮と招福砂

によれば岩山の名は稲荷山とのこと。基部にはお稲荷様の祠といくつかの溶岩、狐たちの像もごっそりと集められてある。そしてそこらじゅうに積まれた小さな鳥居が異様な雰囲気を醸し出している。

砂を入れた箱があって、砂を持ち帰れるようになっていた。これは招福砂といい、お清めに撒くと心の願いが叶えられるそうだ。

階段があったので上ってみる。らせん状に岩山を取り巻くように上がり、途中祠が4つ並んでいるフロアがあった。築山稲荷、幸稲荷、末廣稲荷、航空稲荷とあり、どれも稲荷神社だ。航空稲荷というのが羽田らしい。

さらに上っていくと頂上に、稲荷上乃社と、御嶽神社が鎮座していた。つまりこれもミニチュアの富士山、すなわち富士塚ということになるのだろうか。

このあたり富士塚が多いが、単純な話、富士山がよく見えたから富士山信仰が生まれ、富士講が発達して、勢い富士塚もつくりがちなのだろう。この日も多摩川べりから雪を冠した富士山が見えていた。

御嶽神社に手を合わせたあと、上りとは別になっている下り階段で下山する。ふたたびらせん状に下っていく構造は、栄螺《さざえ》堂のようでもあった。栄螺堂というの

川べりから見た富士山

は、らせん状に上って、らせん状に降りてくる一方通行二重らせん階段の巡礼堂で、会津若松のものが有名である。外見のガキガキした形が栄螺に似ているというのでその名がつけられた。

　この不思議な稲荷山、エンターテインメント性もあり、登って見られる眺めも悪くないので、私は面白かったが、正式にはどのように味わうべきものか、よくわからない。穴守稲荷の正式な奥之宮であり、面白がっていたら怒られるような気もするし、逆に、

溶岩がはりつけられた異様な階段

人を呼ぶためにつくったんですよと気さくに言われそうな気もするし、宗教施設にはときどきこのような奇妙な建造物があるけれど、どんな態度で接するべきなのかいつも微妙にわからないのであった。

　ひとまず今回は登ればよしということにしておく。

　散歩的には、こういうわけのわからないものがあるのは大歓迎である。

　穴守稲荷を出て、いよいよ海を見に行く。

　羽田空港との間を隔てる海

老取川も、地図で見れば海の一部と考えて差し支えないが、できればもう少し広々とした海面が見たい。

少し行くとやや広い海面に出たが、依然対岸に埋立地が見えている。ここは正式には京浜運河ということになるらしい。これでも一応は海といえば海だが、これじゃない感は拭えない。ちっとも波がないし、磯の香りもしてこない。

が、磯がどうとかいう前に、変なものが目に留まった。

高速道路のようなものが海老取川を跨いでいて、それが橋桁まるごと回転して、川と平行に向いている。ブツ切れの道が宙に浮かんでいるのだ。

これは羽田可動橋といって、船が航行できるように橋桁が動く仕掛けのようだ。

こういう橋は京都の天橋立で見たことがある。橋立の端っこを渡る橋が湾内へ行く船のために動くのだ。

回転するのではなく、踏切のように上に開く可動橋なら、門司港で見たし、たしか隅田川にかかる勝鬨《かちどき》橋も、もともとはそんなふうに開く仕様だったのが今はもう固定されて開けないと聞いている。そんなわけで可動橋はそこまで珍しいものでもないとはいえ、こうして目の当たりにすると、特別なものを見た気持ちがする。まるで道路の切り身を見ているようだ。

羽田可動橋

ちなみに船もないのに開いたまま止まっているのは、現在道路として使われていないのかもしれない。1車線だけのようなので、高速道路といってもメインではなく、進入路か何かのようだ。

家に帰ってから調べてみると、思った通り今は使われていなくて、首都高の迂回路として使うかもしれないから保存してあると書いてあった。やはり今は動かしていないのであった。

おかげで道路の断面を見ることができたのは、幸運なことであった。

広い海面を見てのびのびするのは、今回はあきらめたほうがよさそうだ。地図で見ると、海側は埋立地ばかりで、海らしい海を見るにはその先までいく必要があり、そこまでの時間はない。


気持ちを切り替え先へ進む。しばらく北上すると、また交通公園があったので寄ってみた。

交通公園多いな。こんなにも普及しているのに、奈良県にないというのが不思議だ。

森ケ崎交通公園は、先の萩中公園よりも規模は小さかったが、消防車と救急車の本物が置いてあり、救急車の中に入ることができた。消防車はわりと見るが、救急車は珍しい。これはお医者さんごっこができそうである。

子どもの頃に遊んだ交通公園には、こういう本物の乗り物はなかった。交通公園はどんどん進化しているらしい。ただし奈良県を除いて。

海が盛り上がらないので、内陸のほうへ進んでみる。すると不意にいい感じの壁に

救急車の内部

ゴッホの浮世絵のような壁

出会った。

なぜか水色に塗られており、そこにバラの木がからまって、まるでゴッホの浮世絵のよう。いきなりこういう風景に出会うのが散歩のいいところだ。

さらに大森貴船神社の境内に入ると、太鼓橋の欄干があった。

さきにも取り上げた『暗渠パラダイス！』によると、橋跡はほぼ確実に暗渠があるサインとされている。つまりこの下には今も川が隠れているということか。いわゆるトマソンということになるが、それなりにいい感じの橋なので撤去したくなかった気持ちはわかる。

トマソンといえば、そのそばで見た塀に残された何かの跡。プロパンが置いてあったのだろうか、それとも？

ちょっと人影に見えなくもないところに味がある。

このあたりは路地が入り組んでいて、そういう場所ほど面白いものが見つかりやす

大森貴舩神社の太鼓橋

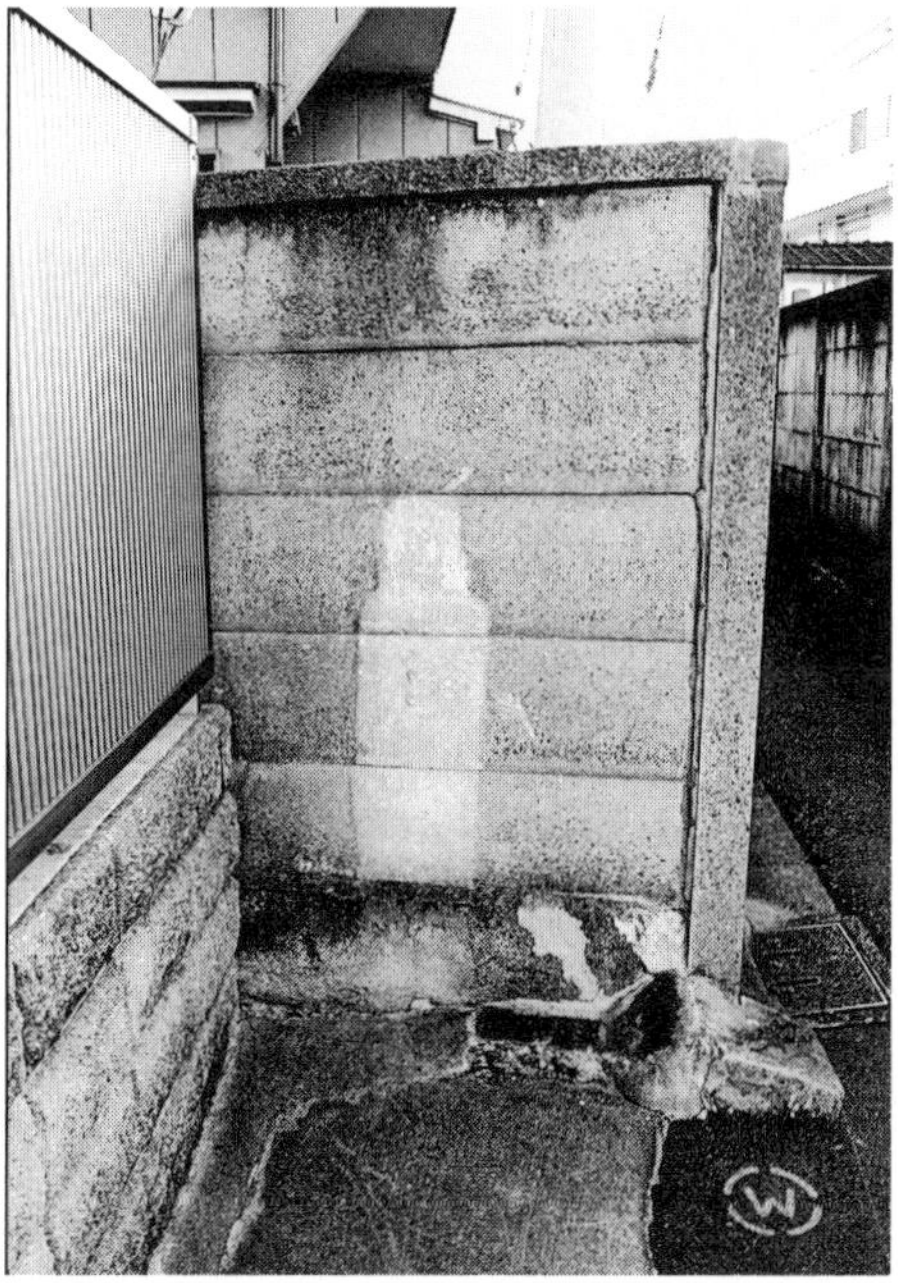

塀に残る何ものかの跡

い。見つけたから何があるというわけではないけれど、こういう風景を見つけると散歩に来てよかったと思う。地図で見て、道が碁盤の目になっていない区域は積極的に入り込んでいくべきである。

ゴールの平和島へ向かう途中、また交通公園があった。さすがにありすぎではないか。

小さな公園ではあったけれど、カーブの連続するいいレイアウトで、都市ぽかった森ケ崎交通公園に対し、ここは田舎道気分を味わうのに適している。

今回は気がつくと交通公園を巡っていたような気がする。あと富士塚。子ども時代と江戸時代のメタバースを巡る散歩になった。

最後にスイーツ好きの西山くんと、大森特産の「のり大福」を食べようと店を探したが、残念ながら売り切れていた。西山くんと何かを食べに行くといつも売り切れなのであった。

今回さんぽした場所

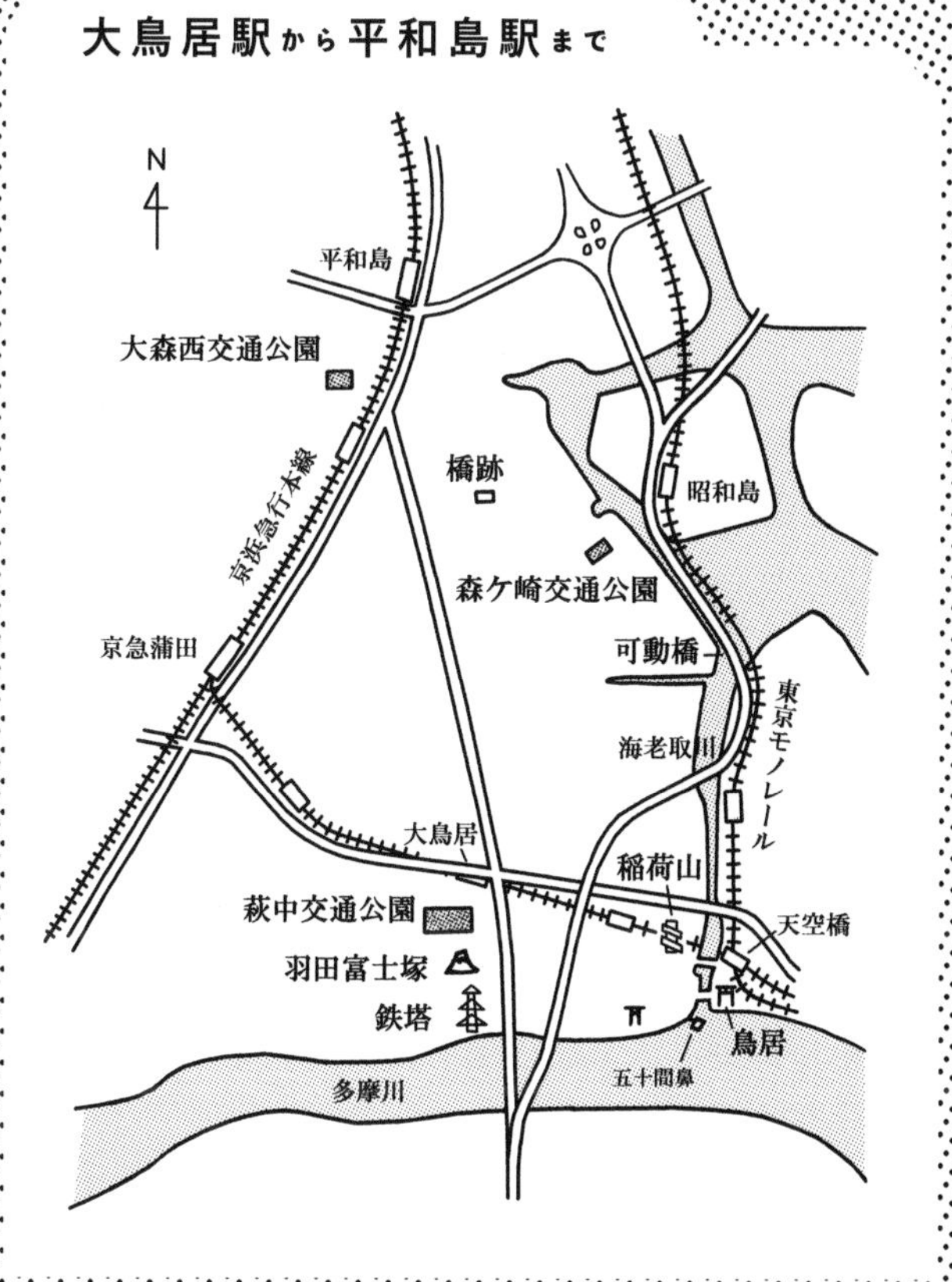
大鳥居駅から平和島駅まで
N
平和島
大森西交通公園
京浜急行本線
橋跡
昭和島
森ケ崎交通公園
京急蒲田
可動橋
東京モノレール
海老取川
大鳥居
稲荷山
萩中交通公園
天空橋
羽田富士塚
鉄塔
鳥居
五十間鼻
多摩川

5

浅草から北千住

過去は思っていた風景と全然違うんじゃないか疑惑

昔の地図を手に街を歩き、現在の街並みと照らし合わせながら、

「ああ、昔ここには大名屋敷があったんだなあ」

「おお、ここはかつて川だったのか」

などと古《いにしえ》の風景を想像し、歴史に思いを馳せる人がいる。最近はそのための地図やアプリまであるようで、まれに観光地でもない場所を年配の団体が地図を片手に歩いている光景に出くわすことがある。

なるほど私も、子どもの頃に住んでいた家を見に行って、

「昔ここはだだっ広い空き地だったのに、今ではすっかりマンションが建ち並んでしまって」

とか、

「この用水路、こんなに狭かったっけ?」

とか、

世界俺遺産。電話で初告白玉砕事件現場

「なんと初めて好きな人に告白した記念すべき電話ボックスがまだある！　世界俺遺産かよ」

なんて言って懐かしがることはあるものの、江戸や明治まで遡って感慨にふけることはない。その場所で大昔に何があろうが、とくに何も感じないのは想像力が貧困なせいだろう。

ここは昔、何々事件があった場所で誰が誰に斬られたとか、かつては合戦場で、多くの死体が浮かんで川の水が真っ赤に染まったと言われても、怖い話のように頭で思うだけで、心はまったく動じない。そんなことより、電話で初告白玉砕事件のほうがよっぽど動揺する。

ましてそれが自分のよく知らない街の歴史ともなるとどうだろう。過去を知ってみたところで、具体的な何かを想像するのは難しいのではないか。

知らない場所なうえに知らない過去ともなると、知らないが倍である。江戸時代ぐらいになると、もはやステレオタイプな時代劇のイメージしか湧いてこないのだった。

さらに白状すれば、私の頭の中では江戸も大阪も博多も同じ街並みになっている。本来そんなはずはないのだが、よく知らないから全部同じで、脳内に時代劇の書割《かきわり》でもあるかのようだ。

古地図を手に散歩をしているような人は、実際のところ、どんなふうに風景を眺めているのだろう。時代劇以上の何かを思い浮かべているのだろうか。

たとえば、坂本龍馬で考えてみよう。

かつてこの場所を坂本龍馬が歩いたかもしれないと知らされて、何を思い浮かべるのか。

坂本龍馬の顔？

まあ顔は浮かぶだろう。そこからどういくか。

坂本龍馬の人生全体をストーリーとして反芻《はんすう》して、その生きざまをなぞるのか。

あるいは鎌倉街道はどうだろう。

ここはかつて鎌倉街道と呼ばれ鎌倉と武蔵《むさし》の国、上野《こうずけ》の国を結ぶ道でしたと聞いて、片側二車線の車道をプリウスが走っているのを見せられたとき、何を思うのか。

鎌倉武士が馬に乗って歩いている姿を思い浮かべられるだろうか。仮に思い浮かべることができたとして、その姿は歴史に照らして正確だろうか。

実際どんな姿だったのか確かめようもないが、たぶんそれはあまり正確ではないだろう。

いったい何が言いたいかというと、過去は自分の知識の範囲でしか思い浮かべることができず、なおかつその知識もおおむね間違っているということである。われわれが思い浮かべられるのは、せいぜい時代劇のワンカットでしかないのである。

べつに私は古地図好きな人を貶《おとし》めたくてこんなことを言うのではない。ここで主張したいのは、過去とはどうしたってそういうものであり、もしそうであるならば、開き直って自由に空想しても罰《ばち》は当たらないのではないか、ということだ。思い切ってたがの外れた空想をしたとしても、実際はさらにその上をいっていた可能性もある。もしタイムマシンで過去を見に行くことができたら、きっと誰もが

「思ってたのと全然ちがうやんけ!」

とツッコむんじゃないかと思う。

前置きが長くなった。

今回の散歩は、敢えて知らない過去を訪ねてみようと考えている。気になっている

場所があるのだ。

吉原《よしわら》である。

江戸の色街であり、時代小説でもよく登場するあの吉原。

気になっていたのは、男たちが柳橋から舟に乗って隅田川を遡り、山谷堀《さんやぼり》から日本《にほん》堤《づつみ》を歩いて吉原に向かったその道筋を、異界への道行きになぞらえたタイモン・スクリーチの論考を読んだからだった（『江戸の大普請 徳川都市計画の詩学』）。

吉原へ通じる道は、男にとってはファンタジー世界だったとタイモン・スクリーチは言う。

当時の吉原は田園地帯の中にポツンとあり、そこへ隅田川からクリークが通じていて、その堤を歩いていくと、その先に異界とも言える歓楽街が待ち受けている。

期待に胸膨らませながら行く道筋は、男たちにとって、現実から虚構の世界へと繋がる通路なのだ。

吉原では、その異界への通路が舟と堤だった。

私は、ファンタジー世界や舟といった単語から、不覚にも東京ディズニーランドの「カリブの海賊」を連想してしまった。

貧困すぎる想像力に自分で呆れる。

しかしその道が「カリブの海賊」的でなかったとは言いきれない。「カリブの海賊」は陽気な音楽に惑わされるが、よくよく見れば村人にとって凄惨な状況が描かれている。吉原も同じで、売られてきた女性にとっては生涯外に出ることもできない地獄であって、その凄惨な感じが似ているとも言える。

そんな異界への道があった現場に行ってみようと思ったのは、それがステレオタイプな時代劇のイメージを超える風景のような気がしたからだ。

江戸末期から明治にかけて活躍した浮世絵師・河鍋暁斎《かわなべきょうさい》の「東京名所　新吉原日本堤之図」を見たせいかもしれない。河鍋暁斎の描く吉原は、私がイメージしていたのとなんだか違っていた。

そこには、六角屋根の尖塔がそびえ、どこか西洋風の建物群が、広い葭《あし》の湿原に、そこだけフランスのモン・サン・ミッシェルのように盛り上がっていたのである。

田園地帯にそびえる不夜城。

もしこの絵の風景が本当だったら、きっと夜もそれなりに明るかったはずだから、江戸時代にしてはずいぶん奇異な光景だったにちがいない。

今でこそ田舎の何もない場所にラブホテルやパチンコ屋がギラギラ輝く光景を見ることができるが、江戸時代にもそんな風景があったのだろうか。

河鍋暁斎という人は、絵を盛りがちだったそうだから、実際にはこんな風景はなかったかもしれないけれど、タイモン・スクリーチと河鍋暁斎を合わせてみると、なんだか吉原が、われわれがイメージする過去（時代劇的風景）とかけ離れた異形の場所であったかのように思えてくる。

ひょっとすると、江戸時代は現代人が想像している江戸時代と違う風景だったんじゃないか、時代劇みたいな世界ではなかったんじゃないか。

たぶん現場に行っても何もわかるまいが、ちょっと行ってみたくなったのはそういうわけなのだった。

西山くんとは浅草駅で待ち合わせた。

もし江戸の異界への道を追体験するなら、本来はもっと南の柳橋から歩きはじめるべきかもしれない。かつての吉原へは、柳橋から舟に乗って隅田川を遡り、山谷堀から日本堤を歩いたのだ。

ただ今回は時間の関係で、隅田川の前半

まるでニューヨークのような吾妻橋

スカイツリーと広い隅田川

を省略した。

吾妻橋の交差点に出ると、五差路だった。

その一番鋭角的なブロックに東武浅草駅のビルが建っているさまは、ちょっとだけニューヨークのタイムズスクエアのようだった。

隅田川のほうを見れば、有名な金のうんこビルとスカイツリーが見える。

当時の様子を頭に思い浮かべるには、あまりに発展していて、さっぱり何にも関連が見出せないが、隅田川は江戸と言って思い浮かぶ川幅よりずっと広く、江戸にこんな広い川があったのかと意外の感に打たれた。

浮世絵で見る隅田川はここまで広くなかった気がする。

まさか川が拡大したはずはないから、江戸のイメージは私の脳内でせせこましく改変されているにちがいない。

幕末の写真などを見ても、大名屋敷の壁が高く、道も広く、かつそこに人はまばらにしか歩いていない印象があり、江戸は実は想像よりもデモーニッシュにデカかったんじゃないかと疑われる。

そこから川沿いの公園を遡った。

江戸の男たちが舟で遡った道。

待乳《まっち》山《やま》の聖天《しょうでん》様付近で男たちは舟を降り、吉原に向けてクリークを行くのだが、広重の浮世絵を見ると、待乳山（真土山）は、ちょっとしたランドマークで、今よりずいぶん高く見える。その山を回り込んだところに山谷堀がある。

公園にあったエビフライ型の遊具

山の陰に回り込んだ先に異界への通路があるのは、なかなか映画的だ。ボートに乗って岸壁を回り込むと、どーんと未知の国が広がるのはファンタジー映画のお約束である。

ただ、現在はクリークは埋め立てられて山谷堀公園になっている。

待乳山聖天にお参りすると、境内の奥に小さな斜行エレベーターがあったのでそれに乗った。階段で下りてもすぐだったが、ボートのかわりに乗ったのである。

待乳山聖天

斜行エレベーター

電線動脈瘤

山谷堀公園で驚いたのは、堀の幅が思った以上に狭かったことだ。助走すれば棹《さお》をさして跳び越えられそうな幅だ。たった今、江戸は思いの外デカかったんじゃないかと想像した途端に狭いクリーク。江戸のサイズ感が混乱する。

その狭さからますます、「カリブの海賊」を連想した。

川の両側は今はビルが建ち並んでいるが、当時は何もなかったはず。そうだとすると、まさにここを曲がった瞬間に、吉原の遊郭がそびえているのが遠望できたかもしれない。

その光景を空想しようとするが、現代を歩く私は、空想が目の前の風景に呑み込まれてしまいがちで、当時の光景などさっぱり浮かんでこない。

歴史散歩はやはり私には無理なのかと思いつつ、有名な見返り柳のところにやってきた。

「見返り柳ってあれかな？」

最初はどこにも見当たらず、地図でたしかにこの場所と確認して、よくよく探すと、ひょろい柳が1本、道路の歩道に立っていた。

そのぐらい見返り柳の存在感は薄かった。幹も細く、隣の電柱のほうが高いし、歴史を背負うオーラの欠片《かけら》もない。

看板を読むと、もともとの場所からこの地に植え替えられ、木も当時のものではなく、何代目かであるらしかった。もはやそれは見返り柳ではないのではないか。

何を思ってこれを眺めればいいかもわからないので、とにかくそこで道を折れ、少し曲がった道を歩いて、かつて遊郭があったゾーンに突入する。

見返り柳

モノの本によれば、山谷堀の堤から少し高くなっていたそうなのだが、そんな高低差は感じられなかった。

さらに残念なのは吉原跡地の道路がまっすぐだったことで、この一帯は碁盤の目状になっていて、迷路的面白みの欠片もないのだった。異界なら迷路的であってほしかった。

といっても、もともと江戸時代からこうだったらしい。吉原は直角な路地で構成され、地図的には何の面白味もない街だったようだ。河鍋暁斎の描いた吉原は、まるでそこに迷宮があるかのようなカフカの「城」を思わせなくもない姿だったが、あの絵は盛られていたのだろうか。河鍋暁斎ならありそうなことというか、たぶん盛ったのだろう。

現代の吉原は、歓楽街の要素は残っているものの、「カリブの海賊」っぽさはとくになく、そんなものがあるはずがないとわかっていつつも多少異界への通路を期待していた私は拍子抜けした。

まあ、こんなもんか。とあきらめかけたそのとき、まったく想定外の異形のものを発見した。

それはわれわれの頭上にわだかまっていた。

電線である。

電線が電柱の上のほうで、情念の塊のようになっている。

電線がこんがらがってこんがらがって卵塊のようになり、そこから何か生まれそう

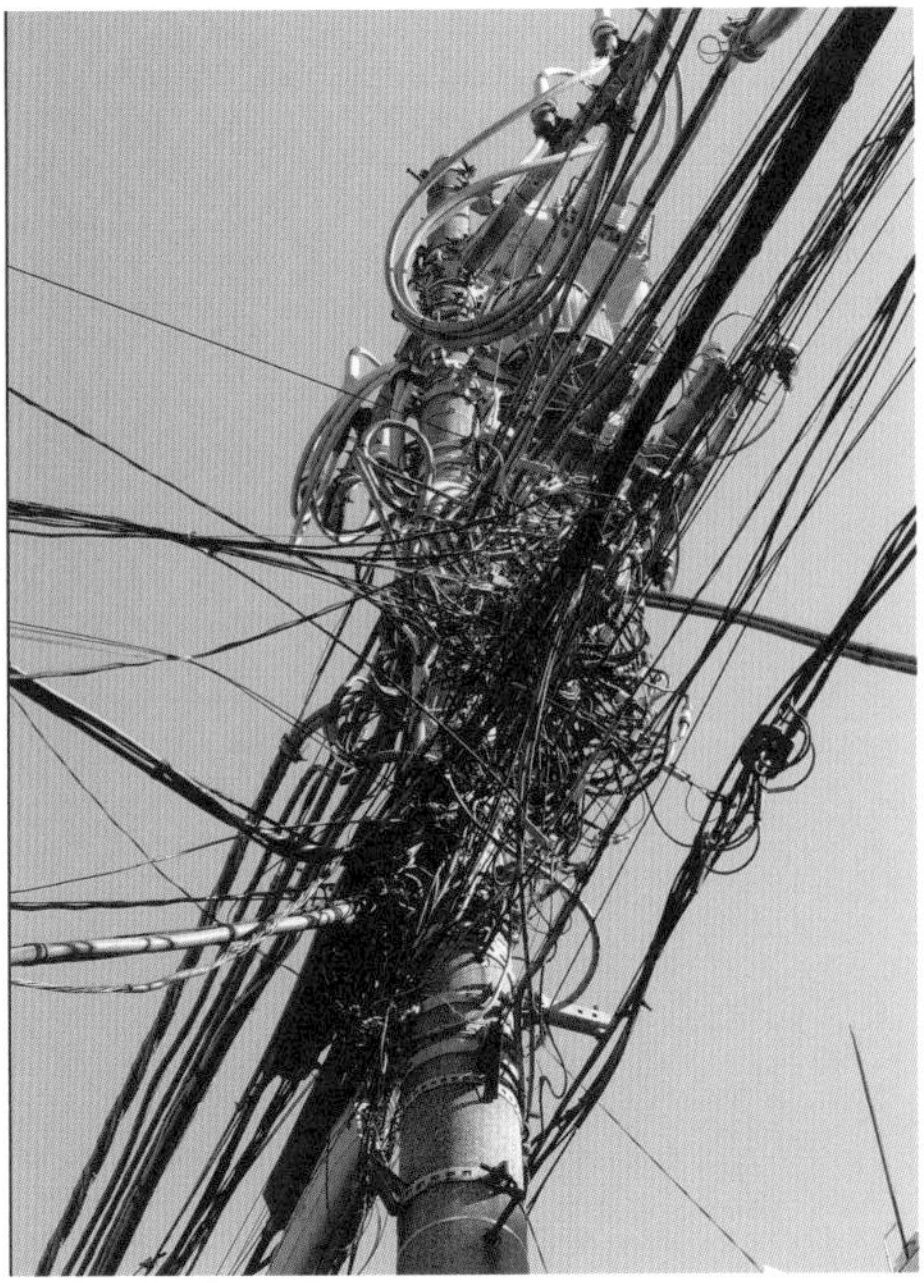

吉原の情念の塊

ですらあった。

ここまで異形に育った電線を見るのは久しぶりだ。香港の今はなき九龍城や、インドの路地裏を思い出す。

ちょうど石山蓮華《れんげ》さんの『電線の恋人』という本を読んだばかりだったので、タイムリーな発見でもあった。読んだばかりだったから、すぐに目についたのかもしれない。

石山さんは電線愛好家を名乗り、本のなかでも過剰な電線愛を吐露している。

電線の魅力はわからないでもない。先だっても高圧電線の鉄塔に惹かれたばかりだ。何であれ線的なものには魅力があって、電線も、線路も、線であれば、目でたどっていきたい欲求に駆られる。

石山さんも本のなかで、「道を歩いているとき、巨大な指でつーっと電線を撫でていったら楽しいだろうと想像する」と書いていて、線を追うことは、人間の本能に近いのではないかと思われる。

でも今回見つけた塊は、とても線を追える状態ではないのでは？　という声が聞こえてきそうだ。

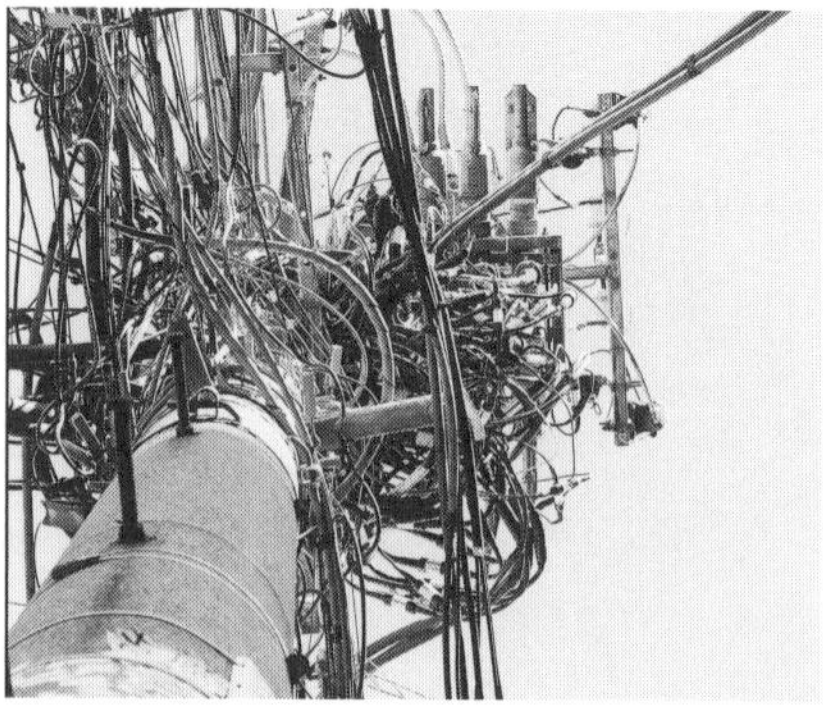

たしかにもうごちゃごちゃだから実際には追いきれない。でもそれでいいのだ。その追えない線を追いたいのだ。どこがどう繋がってあんな形になっているのか、解きほぐしたい。このまま迷路としても楽しめそうに思える。実際この原稿を書きながらも、写真を見ながら線を目でなぞっている自分がいたぐらいだ。

それに対し、むしろ簡単になぞることのできる電柱と電柱の間は、私には退屈だ。そしてそのことが、私が電柱にどっぷりハマらない原因な気がする。

電線動脈瘤

私は個人的に、線的なものが好きだが、線ならなんでもいいわけではなくて、電線はやや微妙だ。そこらじゅうにあるせいか、やや散漫で間延びしている気がする。もっとこんがらがって密集してほしい。

石山さんは、電線は街の血管と表現している。それにならうなら、今回見つけたこれは動脈瘤だ。電柱に動脈瘤ができている。

私に言わせれば、動脈瘤が好きだ。電線はカオスの象徴である。地中に埋めたほうがいいという人も多いが、そういう人は整然とした街が好きなのだろう。私はむしろ整然としていないほうが好きだから、何度も言うが、電線動脈瘤が好きだ。

石山さんの電柱愛も同じだろうかと思いながら本を読み進めると、石山さんの場合は、盲目的といっていいぐらい電柱ならなんでもいい感じであった。

本書のように、無責任にああだこうだ好きなことを書いているのと違い、一時話題になった無電柱化推進キャンペーンや、原発事故のことにまで幅広く触れ、電線の製作工程まで詳細に書き込まれた沼りっぷりには、もはや好きすぎて本人もどこまでいっていいかわからなくなってる印象すらある。

「自分は電線のどんなところが特に好きなのか、よりはっきりさせ」るために、ピンときた「いい電線」を載せているというインスタグラムを見ると、電線に鳥がとまっているだけの写真や、ツタがからまっている写真、なかには電線の断面写真まで載っていてのけぞったが、それでも大半は電線がごちゃごちゃにからまったカオスな写真で、やはり石山さんも電線愛の核

電線はカオス

の部分は、電線の持つカオスにあるのではないかと勝手に想像した。

『電線の恋人』内の対談で、「電線絵画展」を企画した練馬区立美術館の加藤陽介学芸員が、ふと漏らした言葉が心に残る。

「電柱や電線のない道って、なんとなく不安になりませんか」

わかる気がする。

吉原で「カリブの海賊」的異界は見られなかったが、いいものを見た。

さて、吉原を目指してやってきた今回の散歩だが、この先もいろいろと見たい場所がある。最終的には北千住まで歩く予定だ。

吉原のすぐそばに奥州街道の旅人の安全を祈念して建てられた地蔵がある。江戸六地蔵のひとつで、6つの地蔵それぞれが東海道や中山道など6つの街道の安全を担当していたそうである。

その地蔵がある東禅寺に立ち寄り、手

東禅寺の江戸六地蔵

を合わせた。

今では街道からは埋もれた場所になってしまい、立ち寄る人もいなかったものの、このお地蔵さんは姿がよかった。

どんどん進む。

次に見たいのは、交通公園である。

前回、大田区で3つもの交通公園を訪ねたが、隅田川の対岸にダイナミックな交通公園があるのを地図で発見し、これはぜひ見に行こうと思ったのだった。

その名は堤通公園内交通公園。

吉原や東禅寺のある台東区から、少し北上して白鬚《しらひげ》橋を渡り、墨田区に入って南へやや戻ったところにある。

私は先日、大田区の交通公園を見るまで、交通公園というものは四角い敷地に模擬道路を詰め込んだコンパクトな自動車教習所のようになっているものだと思っていた。しかし、大田区では長いサイクリング

長いコースがたくさんある

ラッピング高速道路の下で

ロードっぽい部分があったりして、バリエーションが豊富であると知った。

堤通公園内交通公園が気になったのも、やたら長い周回道路があったからだ。

行ってみると、高速道路の高架下というのもいいロケーションで、たまたま高速道路が補修工事でラッピングされていたため、風景として迫力が増していた（改装工事などのために、足場や板やネットによってラッピングされた構造物は、均一にくるまれていることで、ひとつの巨大な塊として見え、そこに何かが隠されてあることが強調されて、どこか怪獣めいてくる)。

周回道路は本当に長くて公園の外に出ていってしまうのかと思うほどだ。

交通公園を追いかけているマニアがいるかどうか知らないが、十分、沼になる可能性を秘めた物件だと感じた。

そこからふたたび白鬚橋を渡って荒川区に戻る。

当初はこの先さらに東進して墨田区の奥深くへ侵入し、向島あたりの迷路っぽい街並みで迷子になる案もあったのだが、北千住にも惹かれるものがあり、最終的に北千住に決めた。

ガスタンクがあるととりあえず面白い

白鬚橋に戻りながら、今からでも変更可能だという思いが胸をよぎったものの、川岸から対岸を眺めて、予定通りで行くべしとあらためて確認した。

というのも、白鬚橋の向こうにガスタンクが見えて面白かったからである。

そのガスタンクを目指して歩く。

どこであれ、ガスタンクがあって面白くならない景色はない。あんなにデカくてまん丸で飾り気のないも

茶店とガスタンク

のが、どーんと風景の中にあるのだ。見慣れてしまうと、その変さを忘れてしまうが、十分異常である。

今回は、石浜神社の境内から見物することにした。

ガスタンクという現代的な異形の風景と、神社という古式ゆかしい風景をミックスすることで、あらためてガスタンクの可笑しみを味わおうと考えたのである。

石浜神社は、聖武天皇の神亀元年（724年）に創建された古刹で、それだけ歴史ある神社の横にガスタンク。

その場にそぐわないものを敢えてそこに置くことでその違和感をもって見る者に衝撃を与えるデペイズマンの原理である。

この落差、違和感を楽しまないのはもったいない。

ちょうど西を向いた鳥居があり、ガスタンクと重ねて写真を撮ると、とても映えた。すでにその前の茶屋の屋根越しに見えたときから映えており、そもそも白鬚橋越しに見たときだって映えていたから、どうやっても映えるのがガスタンクなのだった。

その後狛犬と並べて撮っても映えた。何といっしょに撮ろうが映えるガスタンク。さすがだ。

そうやってガスタンクに気を取られていたら、背後にもちょっと面白いものがあった。溶岩の上に石が祀られ、イカのようになっている。溶岩は富士山信仰の証であり、なぜ富士山にイカが？　と私の中で謎を呼んだが、近寄ってみるとイカではなく、石碑であった。

イカのような溶岩と石碑

「ゆかりの地」より、誰も注目していない奇妙なもの

石浜神社でガスタンクを見たあと、三ノ輪までバスで移動した。

今回の散歩コースには気になるスポットが多く、時間的に全部回れるか不安があったので、何もなさそうな一帯をバスで端折《はしょ》ったのである。というと、住民から「何もなさそうとは失礼な」と叱られそうだから、あらかじめ言い訳しておくと、私の好きなものが何もなさそうということであって、そこにはもちろん道路もあれば街路樹も住宅もお店もちゃんとあり、場合によってはそれはとても素敵で、いい匂いがしたりもするであろう。

だが私が好きなのは、もっと奇異なもの、意外なもの、ほんのり違和感のあるもので、たとえば白鬚橋の先で見たボウリングのピンがそれである。

巨大なボウリングのピンが建物の屋上に立っているのは何度も見たことがあるけれども、これは道端に立っていた。

一応は広告塔として役目を全うしているわけだし、頭の上に触覚かカタツムリの目

道路脇にひっそりと立つボウリングのピン

みたいな照明が突き出していてマスコット感もあったりしたが、存在としてあまりに目立たないし、ちょうど三叉路の尖ったコーナーに収まっているところも位置的にここしかない絶妙さで、ピンバッジにして愛でたいぐらいの光景であった。

　こんなものを愛でてどうするのかと言われたら反論できないけれども、これを見られただけで白鬚橋を渡った価値があったとさえ思うぐらいである。

　そういうわけで個人的な嗜

好により、途中をバスで端折って三ノ輪にやってきたところから話を続ける。

通路の上にビルが建つアジアのバザール感

三ノ輪駅前には、昔ながらの商店街があって、庶民的な雰囲気に満ちていた。

正直私は昔からニュータウンにばかり住んできたので、商店街に来ると旅行気分になり、つい変な仏像が売っていないか、正体不明なグッズはないか、なんてお土産探しモードに入ってしまうのだが、もちろんそんなものを売っているわけもなく、探したら売っているのかもしれないが、結局何も買わずに通り過ぎた。自分はいまだ商店街の正しい使い方がわかっていない。

すぐ北に大きな仏像が見えたので行ってみる。そこには金色の観音さまが、コンクリートの建物の上に載っかっていた。といっても裏から見ると多重塔になっていて、表面にだけ観音像が埋め込まれた形だ。どういう狙いでそうなっているのかしばらく眺めながら考えた。大観音の上まで登れる形にしたかったのかもしれないし、塔と大

多重塔に埋め込まれた大観音

観音をいっしょにつくるお金がなかったため、ひとつにまとめたのかもしれなかった。

どうであれ、大きな仏像には魅了される。

大きな仏像があるというだけでその宗派が好きになってしまいそうなぐらいだ。板橋で見た東京大仏のところでも触れたが、巨大な仏像はこの世のものではない不気味さが感じられ、それがわれわれの心に何かを訴えかける。

たとえばアニメのキャラクターや、企業のマスコット、自治体のゆるキャラなどは、仮に巨大な像が建てられたとしても、どこか見る者におもねる雰囲気というか、親近感を持たれたい、かわいいと思われたい、ウケたいといった媚びがにじみ出てしまう。一方で仏像にはそんな媚びは微塵《みじん》もなく、泰然としてそこにある。むしろ媚びるのは、お前たちのほうだと言わんばかりである。

その媚びなさが風景に奥行きを与えるのだ。

同じマスコットでも、壊れたり捨てられたりしてボロボロになったマスコットは、媚びを忘れた存在となり、あるいは媚びが虚空に霧散したような寂しい風情を醸し出し、かえってわれわれの心を打つことがある。われわれは、ウケようとしている風景、かわいいと思われたがっている風景にうんざりしているのである。

そんなことを考えながら、私は大観音の前を通り過ぎた。ここは建物もコンクリート製で仏像以外はあまりお寺らしくなかったが、名前は円通寺ということであった。

しばらく進むと、西山くんが、「この先にコロッケパンで有名なお店がある」と言い出したので、行ってみることにした。

青木屋といって、コッペパンやサンドイッチの店らしい。が、行ってみたら閉まっていた。西山くんと何かおいしいものを食べようとすると、必ず売り切れているが、今回は売り切れを通り越して営業さえしていなかった。西山くんは一介の編集者と思わせて何か恐ろしい闇の力を秘めているのかもしれない。

ちなみに買えなかったコロッケパンを検索すると、うまそうである。西山くんのせいで買えなかったものはいつもうまそうなのであった。

素《す》戔雄《さのお》神社を過ぎ、隅田川を越えると、足立区である。これまでは荒川区だった。

実は、足立区には気になる噂がある。児童公園にタコすべり台が豊富だというのだ。

せめて写真を撮る、今日も買えなかった西山くん

散歩をしていて気になる公園遊具といえば、筆頭はやはりタコすべり台だろう。見つけたらどんな構造になっているか確かめずにいられないほどだ。なかにはシンプルなタイプもあるものの、大きなものだと全体が迷路のように入り組んで、公園遊具の王と呼びたいほどの風格を備えている。

私が人生で見た最大のタコすべり台は、福岡県の門司港に近い和布刈《めかり》公園のもので、

門司港近く、和布刈公園のタコすべり台

もし門司港に行く機会があったらぜひ足を延ばしてほしいが、ためしにウィキペディアを見てみるとやはりこの和布刈公園のものが日本最大のようだ。

　足立区は、日本初のタコすべり台が誕生した市町村を自称しており、今でも11基あるそうである。独自にタコさんMAPもつくって配布していて、タコすべり台で街起こしを狙っているふしがある。私がもし区の担当者だったら考えそうなアイデアであり、そういうことならひとつぐらいは見ておこうと思う。

北千住の駅近くにあるので、それを目指す。

千住大橋を越えて少し行ったところに、芭蕉像があった。

碑に「奥の細道、矢立初芭蕉像」と書かれている。そういえばこの千住のあたりで松尾芭蕉は「行く春や鳥啼き魚の目は泪」、これを矢立の初めとして、行く道なほ進まず。人々は途中に立ちならびて、うしろかげの見ゆるまではと見送ったのであった。

芭蕉像

この芭蕉像のある場所が、実際に芭蕉が句を詠んだ正確な場所なのかはわからない。現在のこの場所は俳句を詠みたくなるような風流な場所ではまったくなく、片側4車線もあって往来の激しい日光街道（国道4号）に面した足立市場のゲート脇である。

江戸時代の古地図には歴史的重要ポイントとしてマークされているかもしれないが、残念ながら詩情の欠片も感じることができず、頭の中に芭蕉の姿が浮かんでくることもなかった。昔ながらの街並みが残っているとか、清流が流れているとか、せめてそばに何かあれば違ったろうか。

当時の風景が100％残っているのならともかく、こういったすっかり現代化してしまった「ゆかりの地」の〝気持ちの持っていきどころのわからなさ〟については、私は昔から持て余してきた。

いい例が東海道の起点、東京・日本橋で、首都高の高架道路で橋の上が覆われ、汚い景観になっているとして、歴史的景観を取り戻すため高架を地下化する移設工事の認可が下りたと聞く。果たしてどの程度歴史的景観が復元できるのかわからないが、周囲にビルが建ち並んでいる以上、というか現在の日本橋がコンクリートでつくられている以上、100％の復元は無理な話で、であれば上空の道路が仮になくなったところで五十歩百歩ではなかろうか。

むしろ日本橋が歴史の中でどのように発展もしくは開発されてきたかを一望できる現状を、そのまま保存しておくほうが歴史と向き合う姿勢として望ましいという声もあり、見るものによって立場が180度違ってくるところは、すっかり姿が変わってしまった「ゆかりの地」の手に負えなさが具現化したような事例である。

「奥の細道、矢立初芭蕉像」もまさに同じで、像を建てたところで焼け石に水という

天井の低いガード

か、吉原の見返り柳同様、もはや人の心にまったく引っかからない風景になっているように思う。それとも芭蕉ファンなら少しは心躍るのだろうか。

国道4号を離れ、東へ歩く。工場や住宅の中を歩いて、JR常磐線のガードをくぐり、そこからやや迷路のような住宅地の間を抜けると東武伊勢崎線が見えてきた。

この伊勢崎線の下をくぐるガードが低いことで有名である。たどりついてみるとたし

その名の通りの大踏切

かに頭上注意の看板が出ていて、高さ1・6mの表記があった。私の身長より低い。

頭を下げながら通過。

面白い。狭い通路は、ただ狭いというだけで面白味がある。この先どこに出るのだろうという期待感が自然に湧いてくるし、たとえたいした場所に出なくたって秘密の抜け道を通った満足感が得られる。ただそれだけのことでも、何ら感覚的実体のない芭蕉像よりよほど心に残った。

当然こんな場所は観光地図には載っていないし、もちろん江戸の古地図にも載っていないが、こういうささやかな、ちょっと面白いスポットこそ、地図に載せてみんなに紹介したい気がする。

面白い場所はこの先にもあった。

北千住駅のすぐ南に位置するその名も「大踏切」である。

大踏切！

名は体を表すじゃないけれど、どんな場所か一発で思い浮かぶ。

千住ほんちょう公園のタコすべり台

常磐線と東武伊勢崎線を横切る大きな踏切だ。なんという道路だろうとグーグルマップを開いてみると、道路名も「大踏切道路」だった。「大踏切」はもはやこの土地のアイデンティティになっているらしい。

実際、踏切はでかかった。東武伊勢崎線の線路を4本越え、高架になった東京メトロとつくばエクスプレスの下をくぐった先に、また常磐線の3本の線路がある。

開かずの踏切として人々の顰蹙《ひんしゅく》を買う一方で、電車好きの小さな子どもには逆に人気スポットになっていると聞く。何度も引き合いに出して悪いが、芭蕉像より見ごたえがあった。

この後北千住駅を通り過ぎ、われわれはいよいよタコすべり台のある千住ほんちょう公園に到着した。

小ぶりだが、派手に彩色されていて、いい感じである。今回はこれひとつを見ただけだが、足立区に11基あるというタコすべり台を全部見て回ったら、そのひとつひとつのこだわりや良し悪しが見えてくるにちがいない。全国のタコすべり台を撮り集めて、その細かい違いを検証してみたい衝動に駆られるが、そんなことはきっともう誰かがやっているだろうな。

タコさんMAPによると足立区にはイカも1基あるそうだから、いつか見に行ってみたい。

さていよいよ今回の散歩最後のスポットへ向かう。

それは千住新橋の手前にある「異形矢印」だ。

「異形矢印」とは、青をバックに白い矢印が表示された道路標識のなかで、矢印が複雑に分岐したり珍しい形になったもので、たまたまネットでそんな標識をコレクションしているサイトを見つけて以来、街を歩くと道路標識が気になるようになっていた

千住新橋の「異形矢印」

（りんさんのサイト「道路標識めぐりの旅」https://trafficrinsan.com/）。

そのサイトに載っていた東京の「異形矢印」のなかで、一番異形っぷりが爆発している標識が、千住大橋の手前にあったので、見に行ってみる。

それは千住新橋のたもとにさりげなくあった。

矢印が左にカーブしつつ4方向に分かれ、右手には尻切れトンボな道がひとつ突き出しているという、なるほど異形な矢印で、こんなものを発見したりんさんの観察眼に感服した。

これはタコすべり台並みに探したくなる案件だ。

このような道端の何気ない物件をコレクションする人が、最近ものすごく増えていて、対象はさまざまだが、そのなかでもこれに目をつけたのはセンスを感じる。

見た目が面白いし、ユーモアも感じるし、道路標識は日本中に無数にあるから、いつまでも探索が終わらないところもいい。

もちろん人によっては、こんなものを探して何の意味があるのか、時間の無駄ではないか、と思う者もいるだろう。しかし散歩に意味など必要ないのであり、面白かったらそれで十分なのだ。それに考現学として、現代の記録を残すという意味は少なくともあるだろう。

自分も何かこういう面白いもの、常にそこにあるのに、誰も注目していない何かを見つけて、圧倒的にコレクションしてみたい。そんな気持ちがふつふつと湧いてくるのを感じた。

今回さんぽした場所

浅草駅から北千住駅まで

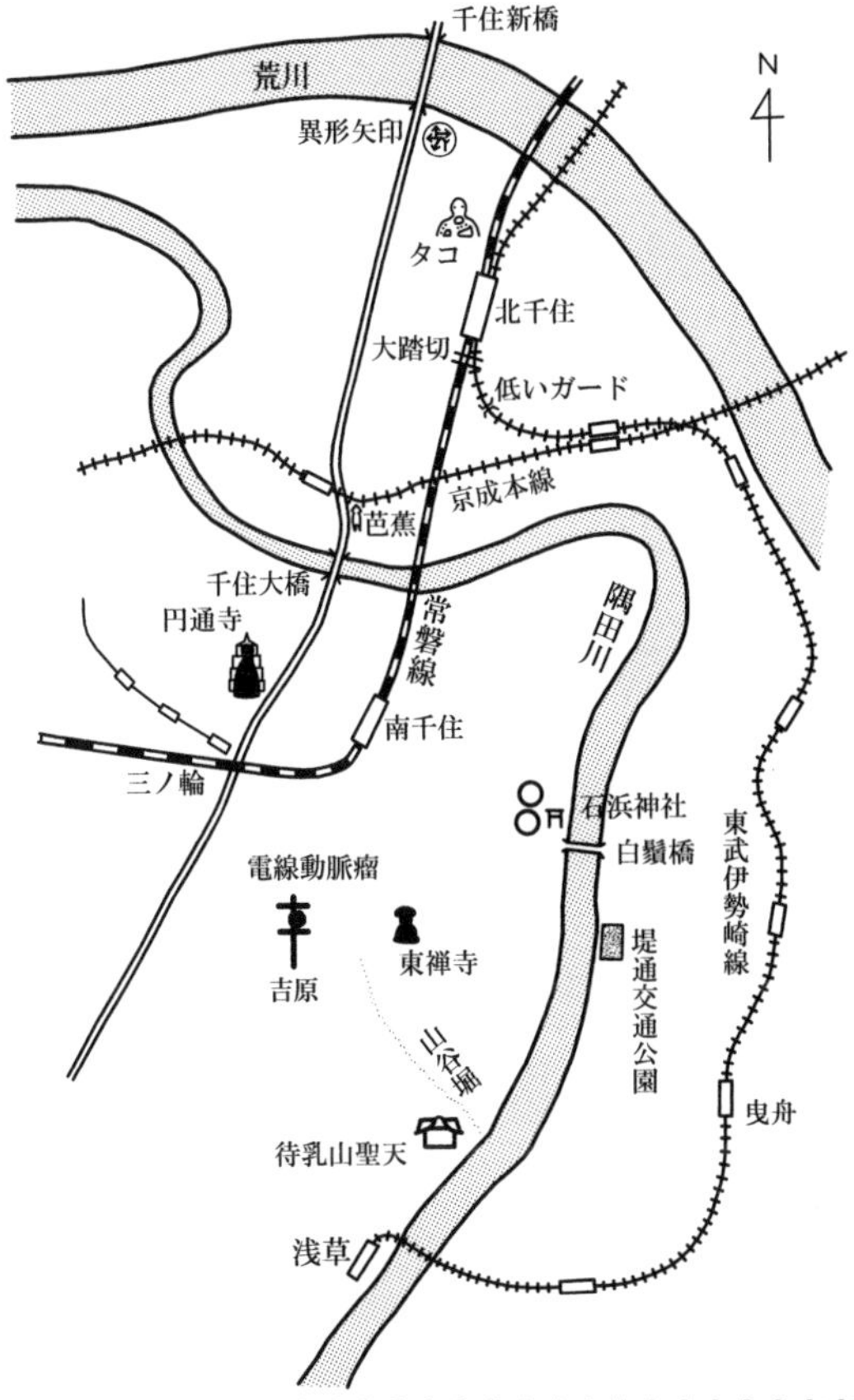

6 黒川から鶴川

秘密の鉄塔林

毎回、次の散歩はどこに行こうかと、グーグルマップを見ながら考えるのが楽しい。とくに暑くもなく寒くもないこの頃は、どこかへ出かけたくて、いつもうずうずしている。仕事のためにパソコンを開いたつもりが、気がつくとグーグルマップを眺めてうっとりしてしまい、半日ぐらい無駄にすることも少なくない。

グーグルマップは、いつの頃からか地図を空撮写真にするだけでは飽きたらず、3Dという機能ができて、地表を斜め上から眺めた景色も見せてくれるようになった。それも私の時間を無駄に食いつぶすことになった理由のひとつだ。

ただその機能はまだ発展途上で、3Dにすると、世界がモンタージュ写真のような、というか実際モンタージュなのだと思うが、風景の断片を寄せ集めたボヤボヤした景色に変換されてしまう。おかげで3D地図を眺めていると、夢の中の世界を覗いているような気になってくるのだ。そして夢だと気づいているのに目覚められない悪夢のように、私をクラクラさせる。知っている街が、ホラーがかって見えてくるのが面白い。

謎の飛翔体

3Dの写真地図は、東西南北4方向から眺められるようになっており、そうやってクリックひとつで視野を回転させながら東京の街を眺めていると、あるとき妙なものを発見した。

何の支えもなく、黒い棒状の物体が宙に浮かんでいたのだ。

空間を切り裂く傷のようなものが、住宅街の上空に浮かんでいる。

探してみると、謎の飛翔体は、街のいたるところに飛んでいた。

ＵＦＯではないか、と色めき立ったのも束の間、正体はすぐにわかった。高圧線だ。

真上から見下ろす航空写真では、電線の類は細すぎて写りにくいのだが、３Ｄで斜め上空から見ると、太い高圧線がたまに姿を現すことがある。ただ、写っていたりいなかったり途切れ途切れで完全に繋がってはいない。そのため、何の支えもないまま宙に浮く棒状の物体が各所で見られるのだった。

そうやって高圧線を見ているうちに、さらにあることに気がついた。

３Ｄにすると鉄塔を見つけやすいのだ。

鉄塔は細い骨組みだけでできた構造物のため、平面的な写真では存在感が消えてしまうが、斜め上空から見ることで、縦長に存在感を発揮しはじめる。

それはどことなく怪獣のようだった。

街の中にすっくと立って、尖ったくちばしで街を威嚇している。

おかげで、３Ｄの眺めが面白くなって、より怪獣らしく見える鉄塔を探して、うろうろしているうち、やたらと鉄塔が集中している場所を発見した。緑の中に銀と赤の怪獣が行進している。

その眺めは、まるで子どもの頃に見た怪獣パノラマのようだった。

鉄塔怪獣

怪獣パノラマは、子ども向け雑誌にときどきついてきた付録で、街を描いた地図の随所に、型紙から切り抜いた怪獣の写真を立てて貼る紙版立体模型である。

今ではパノラマといえば、プラスチックでできた土台に同じくプラスチックでできた怪獣フィギュアをセットする仕組みに進化し、よりリアルになったが、私が子どもの頃は紙だった。

紙なので怪獣は平面であり、まっすぐ立たずにへなっと倒れてしまったりしたけれども、

1枚の地図に10体以上の怪獣を立てることができたから、子ども心に、なんて豪勢な地図なんだろうと興奮したのを覚えている。

今回、私が見つけたのは、変電所を取り囲むように大小の鉄塔が林立している場所だった。

これは地上からはどう見えているのだろう。

鉄塔怪獣赤白

さっそくストリートビューで確認したところ、期待を上回る光景がそこに現れた。

おお、鉄塔の林だ！

壮観とはこのことである。まさに怪獣が集結しているかのようだ。

この景色、生で見たい！

ということで、西山くんに次の散歩はここに行きたいと申し出て快諾され、よく晴れた春の日に、小田急線の黒川駅にやってきたのである。

黒川駅周辺の高圧線

変電所は東京都町田市と神奈川県川崎市の境界にあって、西東京変電所というらしい。

　これまでの散歩はどれも都心部を歩いてきたが、今回は緑の多い郊外。今までとまるで印象が違って、駅を降りると人影も少なく、空が広かった。

　黒川駅に先に来ていた西山くんは、

「極楽浄土に来たのかと思いました」

　と興奮している。

　何のことかといえば、駅舎に壮麗なクラシック音楽が流れていたので、駅の両側の鉄塔を繋ぐ電線が五線譜のように見え、晴れ晴れとした感動が胸に湧き上がってきたらしい。

なるほど見上げると駅周辺にもすでに高圧線が走っているのが見えた。これがこのあと大集結するのだ。

駅前からさっそく急な坂を下った。

「すごい河岸段丘ですね」

と西山くん。坂の底には川が流れていて、ちょっとした谷になっている。河岸段丘だったとは知らなかった。

坂を下りきって川を渡ったところにいい感じの鳥居があり、汁守《しるもり》神社とあった。汁守とは妙な名前だが、後に検索したところ、府中の大國魂《おおくにたま》神社の祭礼に汁物を献上していた由緒ある神社だそうだ。

ちょうど桜散る季節で、階段を上って境内にあがると、そよ風に桜の花びらが舞って、いかにも春らしい雰囲気が漂っていた。

汁守神社

若い頃は桜なんて何の関心もなかったが、この頃は私も歳をとり、桜を見上げたまましじっと動かないでいられるようになった。とくに深いことも考えていないのだが、一息つくのにちょうどいいのである。

人間老いると、桜を見ながら、自分はあと何回この風景が見られるのだろうと、感慨深げに語りだすのが通例になっているが、私も同じことを考えるようになった。桜に限らず何気ない季節の変わり目などに、じっと世界に見入ってしまうのである。

黒川谷戸

思えば、世界がそこにあること自体、ふしぎなことである。

いったいこの世界はどうやってできたのか。

そしてなぜそれを私は見ているのか。

命は何の必要があって生まれたのか。

昔はそういうことを考え出すと止まらなかった。今はすぐ止まる。どうせ答えなんて出ないからである。

汁守神社から、三沢川に沿って黒川谷戸《やと》へ分け入る。早くも住宅はまばらになり、周囲は畑と雑木林がほと

鉄塔林

んどを占めるようになってきた。

これまで都会歩きばかりしていたわれわれには新鮮な眺めだ。

「やっぱり極楽浄土に来たみたいです」

西山くんは喜び、私はといえば、ピクニックに来た気分で、今後は都会なんか歩くより、郊外を歩いたほうが楽しいのではないかと考えたりした。

これまで大仏だの、ガスタンクだの、タコすべり台だの、暗渠だの、団地だの、電線だの、交通公園だの、いろいろ見てきたが、結局自然にはかなわないのではないかと身も蓋もないことを思う。

黒川谷戸は、その先で分岐し、われわれはあらかじめ調べておいた通りに、石神谷戸方面へ進んだ。この石神谷戸に入ったあたりから、雑木林の間に鉄塔が見え隠れするようになる。

ストリートビューで見た通り、鉄塔が密集していた。通常の銀色だけでなく、赤白の巨大鉄塔も見える。

なんというそそる景色だろう。これほど鉄塔が密集している場所は初めて見る気がする。

周囲が雑木林というのも秘密めいていていい。

西山くんは、村人がよそ者には決して教えない秘密のスポットのようだと評し、そういえば今思うと、黒川駅を出て坂を下っていたときに、川を挟んだ向かい側の崖上に建つ住宅が安部公房の『砂の女』のようで怪しかったなどと妙なことを言うのだった。

黒川駅の向かいの崖の上の住宅？

まったく記憶がない。

しかも『砂の女』は砂漠の話だし、砂に埋もれた穴の底の家が舞台だったはず。崖の上の家ではまったく逆なのではないかと思ったが、周囲から隔絶された世界という意味で、同じ手触りなのだろう。

たしかに今目の前に展開する雑木林の中の鉄塔群は、〃よそ者に教えない場所〃感が漂っている。こんなにも見ごたえがあるのに、あまり話題になっていないところも怪しい。来てはいけない場所だったのではないか。このあとわれわれは村人に消されるのではないか。

というような妄想はさておき、今回の散歩に先立ち、鉄塔マニアのバイブルとも言われる本、サルマルヒデキ『東京鉄塔』を（絶版だったので図書館で借りて）読んできた。

ここは来てもよかった場所なのか

『東京鉄塔』は、鉄塔マニアが高圧線をたどって各地の鉄塔をめぐった紀行本で、著者が目的もなく散歩している最中に鉄塔に出会い、どこまで続いているのか気になって原付で追っていくうち、どんどん鉄塔沼にハマっていったその過程が書かれている。

読んでいて共感しかなかった。共感どころか、自分も高圧線を追いかけて日本の果て

コックさん鉄塔

まで行ってみたいと思ったぐらいだ。

鉄塔マニアの間では、鉄塔の形によって名前がつけられているらしく、本の冒頭に鉄塔の分類が載っていた（分類はマニア本の基本だ）。

名前は主に似ているものからつけられているが、《とんがり帽子鉄塔》とか《門型鉄塔》などはどんな形か名前から想像がつくものの、《コックさん鉄塔》《ジャミラ鉄塔》あたりからだんだん難しくなり、《ドラキュラ鉄塔》《ドナウ型鉄塔》となると、もうわ

折り返す鉄塔

からない。

　鉄塔から横に張り出した腕のような部分を《腕金》と呼び、一番上の《腕金》がもっとも広く、左右に張り出しているものを《ドラキュラ鉄塔》、2本の腕金に3本（往復で6本）の電線が通っているものを《ドナウ型鉄塔》と名づけている。

　ドラキュラはマントを広げているようなその形状から名づけたのだろうし、コックさんもジャミラもとんがり帽子もわかるが、ドナウだけ違和感がある。

クリスマスの星飾りのような鉄塔

なぜドナウ?

ドナウ地方に多いのだろうか。それとも別の意味があるのか。

目の前の鉄塔群のタイプを調べてみると、《コックさん鉄塔》と《とんがり帽子鉄塔》が大半を占めるのがわかった。

ただ、中にはどれだか判別できないものもある。電線を左から右に送らず、鋭角的に折り返している鉄塔があったり、何方向にも腕金を伸ばしている鉄塔があったりするのだ。とくに何方向にも腕金を

一匹狼鉄塔

伸ばしている鉄塔は、ウニ型というか、コンペイトウ型というか、クリスマスの星飾りのような全方位的突き出し感があって、とても平面図で表現できそうにない。

そういう《クリスマスの星飾り型》（と勝手に呼ぶとして）は、偶然なのか必然なのか高さがあり、赤白に塗られて、とくに目立っていた。群れのボスといった貫禄で、なんだかかっこいい。

さらに先へ進んだところで、もうひとつ赤白鉄塔を見つけたが、この鉄塔には電線がまったく通っていなかった。

できたばかりの鉄塔なのだろうか。

写真を見てもらいたいが、これが何型なんだかさっぱりわからない。わからないけど、群れる他の鉄塔たちに対し、一匹狼のような立ち姿がかっこいい。それともこれからボスと戦って倒し、新しいボスの座に納まるつもりなのか。

鉄塔はこのように、どうしても擬人化して見てしまう特徴があるようだ。哺乳類のなかでもこれほどすっくと立ち上がっている動物は、人間だけだからかもしれない。

この一匹狼鉄塔の近くまで来たところで、われわれは私有地とおぼしい畑に入り込んで、先に進めなくなった。グーグルマップで見ても、道はここで行き止まりのようだ。

引き返したものか思案した。この先鶴川へ向かおうと考えているので、できれば一匹狼鉄塔の向こう側へ越えていきたい。

見回すと、雑木林と変電所の間に踏み跡のようなものが見える。

あれがどこかに通じているかもしれない。

われわれは道を外れて、踏み跡をたどることにした。

何の変哲もない住宅街を楽しむには

グーグルマップはかなり細かい道まで載っていて、街なかの道は、狭い路地などもほぼ忠実に地図化されている。そればかりか林道や山道なども、おおむねカバーされており、その精度は驚くばかりだけれども、ただ道と呼んでいいのかどうかわからないような踏み跡までは載っていない。

これまで自宅周辺を散歩していて、グーグルマップに載っていない林の中の道を何度か見つけたことがある。というか、逆に私が驚いたのは、森や林の中には、地図には載っていなくてもそれなりの道があるということだった。

フェンスなどで囲って厳格に管理されている領域でなければ、たいていの森や林は通り抜けられるのである。もちろん厳密には私有地であろうから、本当は不法侵入にあたるのかもしれない。ただ、A町とB町の間に広大な森や林があって、地図上で迂《う》回《かい》するのに時間がかかりそうに見える場所には、必ずといっていいほど抜け道がつくられている。

今回も、グーグルマップでは袋小路だが、鉄塔林のある石神谷戸から鶴川方面へ抜ける道はきっとあるはずと私は踏んでいた。

西東京変電所の敷地を囲う塀の脇にあった踏み跡は、土の露出感と雑草の生えていない空間の幅が、それなりに使い込まれている様相を呈していた。きっと地元の人がときどき通り抜けているにちがいない。

グーグルマップによれば、この先に観音像の表記があるので、ひょっとしたら昔からのお社《やしろ》か何かがあり、そこに通じているのかもしれない。

案の定、たどっていくと踏み跡はどんどん道らしくなり、途中で四方向に分岐したりして、これは抜けられるという確信を得た。何事もトライしてみるものである。

と、分岐の先で唐突に観音像が現れた。

「え、これ？」

たしかに地図通りの場所に観音像はあった。なのに思わずそう声に出してしまったのは、そこにはお社も何もなく、ただ樹脂製とおぼしい等身大の観音像が、草むらにむき出しで立っていたからだ。

お社どころか、まるでフェンスの向こうへ捨てられたような無造作な置かれ方であ

観音像

り、どう見ても正しく祀られている状況ではなかった。グーグルマップの表記は間違いではないけれど、予想していた光景とまったく違ったのである。
それに、捨て置かれているにしては、妙にきれいで、どういうことか理解に苦しむ。
と思ったら、よく見ると手前のフェンスに「不法投棄禁止」の看板がかかっていたので、そういうことかと腑に落ちた。
この場所はかなり奥まっているために、ゴミを不法投棄されたことが過去にあったのだろう。立ち小便を防ぐための鳥居と同じ理屈で、この観音様は、きっと不法投棄しようとする者をためらわせるために置かれているのだ。御姿がきれいなのも、そのせいだろう。観音様とはいえ、これが汚れていたら、かえってゴミ感が出て、逆効果になるからだ。

グーグルマップでは、ここから車道が鶴川方面に通じているので、われわれは袋小路を脱したことを確信した。このまま車道を歩いてもいいが、車道はぐるっと大きく迂回する形になっている。それより変電所脇の踏み跡を使えばショートカットできそうだったので、そっちを行ってみることにした。

変電所

塀越しに変電所内を覗くと、たくさんの小さな鉄塔が立っており、電気たちが林の中に集合して反乱を企んでいるかのようだった。これが映画なら、散策者は電気たちに見つかって中へ引きずり込まれ、凄惨な最期を迎えたり、主人公であれば絶体絶命の大ピンチに

高低差の激しい鶴川団地

見舞われる場面だ。

変電所を過ぎると道は踏み跡から正式な道路になり、やはり最初に思った通り、グーグルマップに載っていなくても、地図上でここに道があれば楽なのにと思う場所には、ちゃんと道が隠れていることが証明された。

われわれはその後乗馬クラブの脇を通って、鶴川団地に到達。

西山くんが、鶴川団地には、今通ってきた道でしかたどりつけないのだったら面白いというようなことを言い、たしかに鉄塔林から林の中の踏み跡を抜けると、そこに巨大な団地が現れる展開は、かつて陶淵明が書いた『桃花源記』のような異界訪問譚を思い起こさせてわくわくした。抜けた先が小さな隠れ里ではなく巨大な団地というところは、SF的でさえあって萌える。

ちなみに鶴川団地は、1960年代に開発された古い集合住宅群で、高低差のある地形を切り拓いてつくられたため、坂がきついことで知られているようだ。たしかに道の片側が崖になっていて、展望が開けている場所が多い。

われわれは団地内の商店が集まる鶴川団地センター名店街を目指して歩いて行った。

西山くんによると、この名店街にある肉屋では、午後3時になると焼き鳥の特売がはじまり、これがとてもうまいと評判なのだそうだ。

時刻はまだ午後1時で、3時まで待つとなるとかなり時間をつぶす必要がある。西山くんがすすめるうま

鶴川団地センター名店街

い店は、いつも売り切れで食べられないのが恒例となっているが、今回は売り切れとは逆に開始時間まで間がありすぎるという変則的な状況。どっちにしても一筋縄ではいかないのが西山くんおすすめの店なわけだが、たどりついてみると、「やきとり本日は休みます」の看板が出ていて、完璧なオチに逆に感心した。

そんなこともあろうかと調べておきましたという第2候補のパティスリーさえも、行ってみると定休日で、西山くんの持つ秘めたるパワーに畏敬の念を覚えるほどであった。もはや何も食べられないほうが感動がある。今後もぜひ西山くんとは何も食べられないままであってほしい。そんなことを願った。


ところでこの鶴川団地センター名店街は今ではあまり見なくなった下駄履き団地という構造である。

下駄履き団地とは、1階部分が商店や事務所、駐車場などで、2階から上が住居になっている団地のこと。1階部分が柱や壁だけで下駄の歯のように見えるからそう呼ばれるらしい。店舗が入れば居住者にとっては買い物に便利だが、飲食店の匂いや煙などを嫌う人もいるので、一概にメリットがあるとも言い切れない。

この鶴川団地センター名店街は、4棟の団地で形成され、それら菱形に配置された

下駄履き団地内の広場を眺める

団地の内側に広場を置き、その広場を囲むようにして各棟の1階店舗が店を開けている。青果店やパン屋、酒屋、クリーニング店、美容室に図書館、郵便局まであって日本各地の商店街がシャッター街となりつつある今、ちゃんと機能しているのは貴重に思えた。

　下駄履き団地の隣には、セントラル商店街というおそらく鶴川団地センター名店街と同時期にできたと思われるアーケード式の商店街があったが、こちらのほうはデイケアサービスの店舗だけが賑やかで、多くの店のシャッターが閉じたままだった。

パン屋でパンを買い、下駄履き団地内の広場を眺めながら昼食をとる。

なんとなく香港を思い出した。

どのへんが香港なのか。下駄履き団地そのものが香港ぽいのかもしれない。


ここから鶴川の駅までは住宅地が続く。

これまでも住宅街はたくさん歩いてきたが、一度自然の中の道を体験してしまうと、人工的でつまらなく思え、前半の極楽浄土のような道が恋しくなってくる。

ただその一方で、自然の中を歩くと、ガスタンクだの、タコすべり台だの、暗渠だの、団地だの、電線だの、交通公園みたいなものにこだわっていたのが全部頭から消し飛んで、ふつうにピクニックと化してしまうので要注意だ。要注意というか、べつにピクニックにしてしまってもいいわけだが、そうなるとわれらが《センス・オブ・ワンダー》はレイチェル・カーソンの「センス・オブ・ワンダー」と変わらなくなってしまうので、ここでは敢えて人工的な環境を散歩する楽しみについて考えていきたい。

都市生活者であるわれわれにとっては、それが日常だからだ。

気持ちの安らぐ自然の中と違い、整備された住宅街で散歩を楽しむのはなかなか難易度が高い。小ぎれいな他人の家を見てもとくに感想はないからである。べつに豪邸を見たからといって面白いことはないし、よほど奇抜な建物や、独特なデザインでもない限り、これといって注目するものがないというのが一般的な住宅街の評価だろう。

以前知り合ったマニアの中には、街のどこにでもあるゴムホースを見て楽しんでいる人や、シャッターの写真を撮りためている人もいたが、そういう人はかなりの熟練者であり、一般人にはすぐには共感できない世界である。いったいゴムホースのどこに痺《しび》れるというのか。電線や公園遊具もそうだが、そうしたものを見て回ることに喜びを感じるのは、都市の景観をなんとか楽しもうという苦肉の策なのではないかと思ったりする。

私は子どもの頃ニュータウンに住んでいて、これといって面白みのない近所の世界をどう楽しんだものか、無意識のうちに悩んでいた。子どもの狭い行動範囲の中に、行きたい場所があまりなかったのだ。

新興住宅地にはたいていある程度の間隔で小さな児童公園が配置されているが、なかには子どもから見ても小さいものもあり、そんな公園では、野球やサッカーなどの球技はもちろん、鬼ごっこさえできないこともある。

そんな一辺が20〜30メートルの小規模公園（残念ながらそれが家から一番近い）でいかにして遊ぶか。

遊具はせいぜいふたつかみっつ、鉄棒とブランコ、シーソーもしくは砂場がある程度で、そこそこの年齢になると満足できなくなってくる。

悩んだ末、私が編み出したのが、児童公園世界一周という遊びだった。

児童公園は、外縁を低い灌木《かんぼく》帯で囲われていることが多いが、私が考えたのは、ミニカーを持ってきて、その灌木帯に潜り込むことだった。灌木をジャングルに見立て、その中にミニカーを走らせるのだ。そうするとちょっとした木の根っこや雑草や石ころが障害物となり、探検の要素が加わって、ちょっと面白くなる。代わり映えしない灌木帯が、個性豊かなジャングルに変貌する。

そうして灌木の中を進んでいくと、ときおり砂地に出るから、そこは砂漠と考える。縁石があれば岩壁と考え、大木は山に見立て、そうやって這《は》いつくばりながら公園を一周するのである。その結果、一周し終えたときには、何の変哲もない児童公園の灌

児童公園の灌木帯

すごい坂が頻出する鶴川付近

木帯でも、ちょっとした冒険の後味が残るのだった。

その程度で退屈な家の近所を刺激に満ちた世界に変えることは不可能とはいえ、子どもなりに苦肉の策として考案した遊びだった。

新興住宅地の散策を楽しむためには、何かそのような策が必要で、それが人によってゴムホースだったり電線だったりシャッターだったりするのかもしれない。

西山くんにそんな話をすると、西山くんは階段を上ってアプローチする住宅や、旗竿地（細い路地を介してしか道路に面していない土地）の住宅に興味があると言い出した。

鶴川には傾斜地が多いため、擁壁の上に家が建ち、駐車場が土台部分の下にある家が多く見られた。その階段がいいというのだ。

「車を停めたら、玄関まで階段を上るのがしんどいのでは？」

私は首をかしげた。とくに米などを買った日はつらそうだ。

でも西山くんは意に介さない。

さらに旗竿地は、高低差はないものの、家が他の家の陰に隠れているため、玄関まで細いアプローチが延びることになり、玄関に到達するまでの助走区間があるのがいいという。

つまり階段も旗竿地も、ディズニーランドでいうところのプレショー空間、茶室に至る露地であり、外界から家という内なる世界に移動する通路に工夫があると萌える、と西山くんは主張しているのだった。

それはわかる。実際にはアプローチにべつに工夫のない住宅も多く、それだと荷物を運ぶのが面倒なだけなのだが。

ただ、そうやって自分独自の視点で歩くことによって、住宅街を饒舌な世界に変換するのは、散歩者ならではの資質と言えそうだ。

今回さんぽした場所

黒川駅から鶴川駅まで

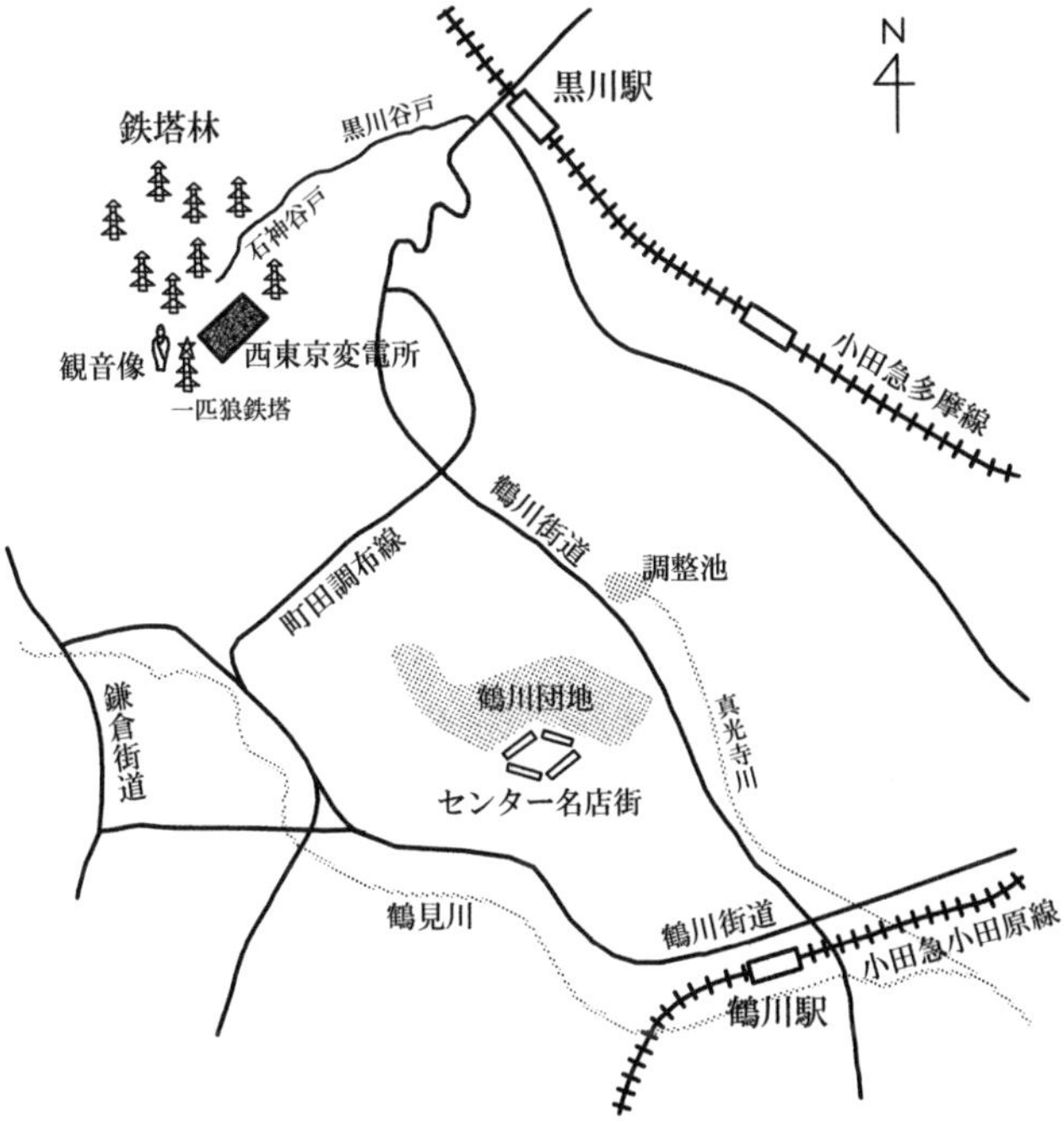

7

麻布十番から築地本願寺

無人の住宅街と、東京タワーのかっこいい根元

さて次はどこへ行こうかと考えていると、西山くんから麻布十番に行きませんかという誘いがあった。

なんでも麻布十番は再開発で古い住宅地が失われつつあるらしく、見ておくなら今しかないという。私はべつに古き良き日本とか、昭和の遺産とか、街の歴史に興味があるわけではなく、ただただ奇妙な風物や、違和感のある風景、異次元に通じているかのような場所が好きなだけなので、とくに見ておかなくてもいいと思ったが、調べてみると東京タワーも近いし、浜松町まで歩けば、一度行ってみたいと思っていた浜離宮恩賜庭園や、さらに足を延ばせばこれまた是非行ってみたいと思っていた築地本願寺もある。そんなに行ってみたいならさっさと行けばよかったのに、東京在住30年以上にもなってまだ行ってないのだ。

そこでこの機会に全部まとめて行ってみようと、西山くんの提案を受けることにした。

麻布十番から築地本願寺まで歩こうと思う。

ところで麻布十番とは、なぜ十番なのか。周囲に麻布八番とか麻布九番もあるのかと思ったら、地図を見てもそんな地名はないのである。西麻布や東麻布、麻布台など、麻布のつく地名はたくさんあるものの番号はついてない。

港区のホームページによると、江戸時代に古川の改修工事のため「第十番目の工夫《こうふ》を出した地域」とか、「十番目の土置き場だったから」、「十番目の工区だったから」などの説が有力と書いてあった。つまり何かが十番目だったということだ。ならば八番や九番もあってよさそうだが、何であれ「番」という字が野暮ったくてとてもよい気がしてきた。都心にあるにもかかわらず、あまりに野暮ったすぎるため、一周まわってかえって斬新に感じられる。もしこれが八王子あたりにあると、一周回らなくてそのまま野暮ったかっただろう。

麻布十番の駅上

麻布十番の駅前（というか地下鉄だから駅上）は大都会だった。上空に高速道路が覆いかぶさって、ここが六本木や三軒茶屋の仲間であることがわかる。とても「番」がついているとは思えない光景だ。

そこから西山くんに導かれるまま、再開発されるゾーンへ向かった。といっても一筋入ればもうそこにこぢんまりした住宅街があり、そこが見ておいたほうがいい区域なのだった。

手前に臭い川が流れていて閉口する。川の上に高速道路が走っており、それが補修工事でラッピングされている光景は、少しばかり豪勢な眺めではあったが、臭いのでじっくり眺める気になれない。

私の見立てでは、都会は40%ぐらいの確率で臭い。残りの50%は無臭で、いい匂いのする都会は10%あるかどうかだ。それもほとんど食べ物の匂いだから、いい匂いに感じるのは空腹時だけで、食べ物の匂いもいろいろ混じると結局臭い。

そんなことを考えて街の匂いの地図というものを思いついた。これはきっと役に立つ。

私の家の近所に車で通りがかるとおな

臭かった川

ら臭い交差点があるのである。周囲にはとくにおなら的匂いの元となりそうな温泉とか、公衆トイレとか、ぼっとん便所のありそうな民家などは何もなく、むしろ広い道路の周囲に公園の駐車場と新興住宅が建ち並んでいるだけなのだが、なぜかそこを通りがかると二度に一度は必ず臭い。そしてそこを通るたびに、妻に「おならした?」と聞かれるのがストレスなのだった。私は無実なのである。こういう冤罪《えんざい》が起こりえるから、公正を期すため、車のナビゲーションマップなどで、この一帯にグレーのモヤモヤを表示するなどして、注意喚起を促してほしいと思うのである。

臭い川を越え、問題の住宅街に入る。

住宅街は、こんな都心にあるとは思えない狭い路地で構成され、地価を知らなければ、実に地味で庶民的な風景に見えた。すでにほとんどの家が空き家になっており、なかにはまだまだ新しくてもったいないような建物もある。

家と家の隙間からは高層ビルが見え隠れし、そのせいで日当たりや電波障害などもろもろ問題があったのではないかと想像するが、住んでいた人たちは、加速度的に変化していく環境をどう感じていたのだろうか。

ここでこの一帯の歴史をひもときつつ、古き良き東京のありし日の姿をしのんでみよう、なんて私が考えると思ったら大間違いで、そんなことをすれば行数が稼げて、もっともらしい感じのエッセイに仕上がるので読者を欺くのに効果的であるが、私は街の歴史にほとんど興味がない。それより街が打ち捨てられたことによって図らずも変な光景が出来上がっていないか、そっちのほうが気になった。

なので己の好奇心のおもむくまま、歩き回って調査した。

上層部がつる植物に覆われた家や、途中でちぎれた電気メーターの配線、家の壁を横に這う配管類、電線動脈瘤、家と家の隙間に挟まれた超狭い階段など、心くすぐる物件が少なからず見つかる。

歴史ひもとき派の人が見れば、そんな造形物を見て何が面白いのかと呆れられそうではあるが、たとえ何と言われようとも、配管の交差する中に蛍光灯が屹立する壁には、オブジェとしての妙味を感じる。ああ、歴史なんかどうでもいいのだ、この見た目だけがすべてなのだと感慨を新たにした。

同時に、誰も住んでいないことで、じろじろと家の細部を覗き込んだりできること

再開発間近の三田1丁目

SAKATA

もっともぐっときた蛍光灯と配管とせり出した壁の構図

が、こんなにもノンストレスであったかと、うれしくなった。きっとどこの住宅地でも、こうやって家の隙間に勝手に首を突っ込んだり、窓から中を覗いたりすれば、面白い光景が無尽蔵に見つかるのだろう。自分は今まで、いろんな街を散歩しながら、仕方のないこととはいえ、ものすごく気を使っていたらしい。

　そんなに不躾《ぶしつけ》に中を覗きたいなら、廃墟を見て回ればいいのでは、という意見は当然あると思う。たしかに私もかつては廃墟が好きだった。しかし、いくつも見ているうちになんだか気が滅入ってきて、陰気すぎるのもよくないと思い直したのだった。だから廃墟ほど死の影に覆われていないこのような街は、歩いていて楽しかった。

西山くんは、

「何の変哲もない街でも、再開発された後にできた何の変哲もない街と、こんなふうになんとなくみんなが家を建てたりして形成された何の変哲のない街には、大きな違いがある気がします」

と言い、私もまさにその通りだと思ったのだった。地図を見て、道路が碁盤の目のように整然とした街は歩いてもあまり面白みがなく、逆に道が入り組んで迷路のようになっている街ほど面白いのは、そういうことだろう。

「その土地の暮らしならではのクセのようなものが感じられると、何の変哲のない街も歩きがいがありますね」

勝手口のとても狭い階段

実物を見るとやはり感動的な東京タワー

こうして誰も住んでいない街をしばし堪能したあと、われわれは次なる目的地東京タワーに向かって歩き出した。

小さなビルやマンションが密生するアスファルト道を歩いていく。さきほどの街と違い、このあたりは全然面白くない。もしこれが全部無人だったら、きっと遠慮なく隙間に入り込んだりして、面白いろ覗き込んだり中をじろじろ発見もあるのだろう。そう思うと、こうして人が住み、何かの役に立っているようなビルやマンションは、無駄に

かっこよかった東京タワーの根元

建っている気がしてならなかった。

それでもそんなビルの隙間から東京タワーが姿を現したときには、その異様なデカさに興奮した。富士山なんかもそうだが、写真では見飽きるぐらい何度も見ている景色でも、実際にそのデカさを生で見上げると、ええっ、そんな上のほうまで!? と言いたくなるような、写真ではわからない感動がある。

ゆるやかな坂をあがり、東京タワーの真下に出ると、私はさらに想定外の景色に遭遇した。

か、かっこいい！

東京タワーの根元ってこんなにかっこよかったのか。

四つの脚の中に建つ小紫色の建物の壁にダクトが何本も這っており、その幾何学的な配置が絶妙である。太いダクトと細いダクトともっと細い配管が、とくに法則性も感じられないままに壁を伝《つた》い、一部独特なカーブを描いていたりする。

他の三面はどうなっているのか確認してみると、隣の面も5本ある太いダクトが壁から空へ瀧を登るようにかかっていて、なかなかいい味があった。

そして、見上げる東京タワーの威容。スカイツリーの登場で今や昭和レトロ物件として軽んじられている感がなくもないが、足もとに立って見上げれば今でも十分に見物するに値するランドマークであることがわかる。

西山くんは、

「かっこよさで言えばクールな佇まいをしているスカイツリーのほうが上だと思っているのですが、無骨な東京タワーには労働者たちみんなでつくったみんなの塔だぞ、という親しみを感じます」

と言う。私はそういう労働者云々ではなく、配管があることで東京タワーが美的に

とくに感じのいい配管の曲線

圧勝だろうと思った。

　以前いつ来たのかも、さっぱり覚えていないが、わざわざ来てよかった。

　ついでに言えば、今回来てみて驚いたことのひとつに、東京タワーのすぐ横に渓谷があったことがある。もみじ谷というらしい。そこから増上寺や芝公園へと都心ど真ん中にありながらも緑が広がる一帯は、アスファルト道を歩いてきた身には、心和らぐものがあった。

日本庭園と海の生きもの

東京タワーから増上寺を通り抜け、浜松町にやってきた。

浜松町は、ずっとこの地のランドマークとして君臨していた世界貿易センタービルが解体され、再開発の真っ最中だった。麻布十番といい浜松町といい、どこもかしこも再開発である。ここには黒くて高いビルが建っているのが当たり前に思っていたので、空ががらんどうになった感じがする。

東京モノレール浜松町駅

これまでビルに埋もれて見えていなかった東京モノレールの駅がむき出しになっており、不穏な存在感を醸し出していた。黒い軀体《くたい》が虚空に突き出し、それを細い柱が支えている。軀体に対して柱があまりに細く見え、とても心もとない。いずれここにはまた高層ビルが建ち、モノレール駅も隠されてしまうだろうが、こうして束の間その正体がひと目にさらされてしまったモノレール駅は、突然太陽光を浴び戸惑う地下生物のようだった。

浜松町駅から竹芝桟橋方面へ通じる高架の歩道ができており、それがあんまり高いので登ってみた。昨今は駅前などのペデストリアンデッキも増えて高架の歩道は珍しくないが、ここはやたら高い。

モノレール駅の反対側の壁面にデカデカと東京モノレールの文字が浮かんでいるのが見えた。以前からこんな文字が描かれていただろうか、まるで思い出せない。

高架歩道から見るモノレール駅

ここから地上に降りないままデッキを北上し、浜離宮恩賜庭園を目指した。途中イタリア公園という名の小さな公園があり、何がイタリアなのかと思ったら、石膏像が並んでいるだけだった。花壇や噴水もあったけれども、やはり庭なら小径が曲がりくねった日本庭園のほうが好きだ。直線的な公園は、まったく気が休まらない。

なので浜離宮恩賜庭園に入園すると、途端に伸びやかさを感じた。庭でも路地でも

日本庭園に高層ビルという借景台無し感が逆によい

大事なのは曲がりくねっていることであり、曲がりくねっていることによって一歩ごとに風景の変化が感じられ、たくさんの刺激を得ることができるのだ。

そして私がこの公園に来たいと思っていた理由は、ここが都心の中の本格的な日本庭園であり、都会と庭の落差を味わいたかったのもあるが、何より気になったのは、この庭が海と繋がっていることだった。

地図を見ればわかるが、浜離宮恩賜庭園の池は海に向かって水門が設置されている。隅田川に面した位置に横堀水門があり、もうひとつ築地側にも水門があって、少なくとも2か所で海と繋がっているのである。

ということは、この公園の池は海水もしくは汽水ということになり、海の生きものが入り込んでいる可能性がある。

日本庭園と海の生きもの。

そぐわないという点において、実にそそる組み合わせではないだろうか。これもある種のデペイズマンと言えるかもしれない。

ひょっとして池のほとりは磯のようになっていて、イソギンチャクやらカニやらフジツボなんかが張りついていて、いい感じに得体が知れない光景が展開しているのではないか。あるいは夜になれば池の中で夜光虫が光ったりして、幻想的な景色が眺められるのではあるまいか。まさかイルカが跳ねたりはしないだろうが、池一面にミズクラゲが大量発生したりすれば、それはそれはキュートなのではないか。

私はこの公園の存在を知ったときから、そのことが気になって、ぜひいつか行かねばと思っていたのである。

中の御門から入場し、まっすぐ進むと大きな池に出た。

潮入の池だ。

潮入の池

潮入りとは、すなわちイカ入り、クラゲ入り、イソギンチャク入りということでもある。いっそ最初からイカ入の池と名づけてもよかった。

遠目に見る潮入の池は、緑色に濁ってとくに海の気配は感じられなかった。近づいても、よくある日本庭園の池だ。

なぜ日本庭園の池はどこも濁っているのか。透明度が高いほうが気持ちいいと思うのだが、何か理由があるのか。それとも単純に流れが悪いせいで、水が入れ替わらないのか。

とにかく潮入の池は、潮入ってんの？ってぐらい溜め池的に濁っていた。水際の石にも、フジツボが付着している気配はない。フジツボどころかウメボシイソギンチャクや、ガンガゼ（ウニ）、イトマキヒトデなどの気配もない。水面に目を凝らしてみても、ミズクラゲのフリスビーのような傘が透けて見えることもなかった。

なにが潮入の池だよ。これ、ふつうの日本庭園の池だろ。

海から離れすぎているのかと思い、横堀水門のあたりまで行ってみたが、そもそも海と接続している門部分には、網目に落ち葉などが詰まって堆積して大きな生きものが侵入する余地もないようだった。これではイカもイルカも入れない。せいぜいプランクトンに交じって、クラゲのプラヌラ幼生なんかが偶然入り込む程度だろう。

私の夢は、あっさり潰《つい》えた。

潮入の池なんて名づけないでほしかった。潮不入（しおいらず）の池とか、そんな名前にすべき。

などと不満たらたらで次なる目的地築地本願寺へ向かおうとしていたときだった。大手門手前の内堀を跨ぐ橋にさしかかったところで、私は何の気なしに水面を覗き込んだのである。

そこは横堀水門とは別の水門が、築地川に面して開いており、潮入の池なんかよりよほど透明度が高く、継続的に水が流れ込んできていた。水深もせいぜい10センチあるかないかで、底の砂利がくっきり見えている。

そんな中に、なんと、ソンブレロのような丸い生きものが泳いでいるではないか。

オオ、ソレ見ヨ！　あれは、エイではないのか！

エイ

エイは淡水にもいるが、こんな場所に淡水エイが棲息しているとは考えられないので、これはまさしく海のエイと思われた。

水底の石の隙間に何かエサでもあるのか、エイは水流の中を右に左にせっせと移動しながら、何かを漁っていた。

まさしく私はこういうものが見たかったのだ。

日本庭園にエイ。

何と、素敵な組み合わせであろう。

映える写真を撮ろうと、エイと庭園が1枚に入るよう工夫したが、水面に降りないことには、角度的に双方を同時に画面に収めることができず、かといって広角で撮ると、ただでさえ水にまぎれて見えにくいエイが全然認識できなくなってしまう。せっかくのチャンスなのに惜しいことであった。

と、そこへもう1匹別のエイが通り過ぎていった。ここはエイの溜まり場になっているのかもしれない。

日本庭園とよく見えないエイ

写真はうまく撮れなかったが、エイの存在そのものには深い味わいがあり、しばらく私はその場を離れることができなかった。
園内地図で確認すると、この内堀とさきほどの潮入の池は直接は繋がっていないようで、そういうことならこっちこそ潮入堀みたいな名前にすべきだと思った。
ここで残念だったのは、このとき内堀をめぐってさらに調査することもできたのに、エイの感動で我を忘れて、しばらく眺めたらそのまま次の築地本願寺へ向かってしまったことだ。大失態と言わざるを得ない。もしかしたら、内堀にはエイ以外にもカ

築地本願寺

ニヤクラゲやイソギンチャク、さらには場合によってはダイオウイカやチョウチンアンコウなんかも紛れ込んでいた可能性はゼロではなかったはずなのである。悔やんでも悔やみきれない。浜離宮恩賜庭園にはいずれまた来て、内堀を重点的にリベンジしなければなるまい。

できれば公園のほうでも、この内堀と潮入の池を繋ぐか、もしくは横堀水門をもっと開放するなどして、海の生きものを積極的に取り込み、海沿いの日本庭園としての自負と自覚を持ってもらいたいものである。

そんなわけで今回の散歩は大きな収穫があった。

このまま最終目的地の築地本願寺で締めようと思う。


築地本願寺は、浄土真宗本願寺派の寺で、伊東忠太が設計した、まるでインドの寺院かと見まごうような、日本では異彩を放つ建築が見どころである。

正面から見ると、丸く口を開けたような破風、さらにその上にも丸い波動砲のような屋根が載っかり、インドのコナーラクにあるスーリヤ寺院の車輪彫刻を思い起こさせる。

正面階段下には左右に羽の生えた獅子の石像があり、神社の狛犬の代わりなのか、もしくは山門の四天王を任じているのか、わからないけれど、四つ足に羽が生えると

羽の生えた獅子

ニワトリ

いうのは日本にはない発想であり、このあたりはヨーロッパの影響も感じられる。

　階段を昇るとさらに左右に獅子の姿があるが、もっと面白かったのは、中に入ってすぐ、左右の階段手すりの支柱部分に、牛や馬、獅子に象などの細かい彫刻が載っていたことで、そのやや誇張されながらも精緻な表現に、しっかりとした手応え、存在感のようなものを感じた。壁側には鶏や猿もいて、楽しい。いったいなぜお寺にこんな彫刻が施されているのか。

　お寺で動物といえば十二支の絵が掲げられている場合があるものの、十二支に象や獅子は出てこない。むしろそういう珍しい動物は神社の梁《はり》などに登場することが多いが、ここは神社ではないうえ、階段の手すりであり、もうなんでもありである。

　伊東忠太は、建築物にこうした動物や幻獣の彫刻を施すのが好きだった人で、そこにはお寺だからと

獅子

いうような意識はなかったみたいだ。他にも湯島聖堂や京都の本願寺伝道院などでも同じようなことをしていて興味深い。なんでも明治時代にヨーロッパまで陸路伝いに旅をしたというから、バックパッカーだった自分はシンパシーを感じてしまう。道理でしっくりくると思った。

つまりはエスニック趣味であり、旅の珍しいお土産品を部屋に並べて楽しむような気持ちだったのではあるまいか。

今回の散歩では、東京タワーの再発見があり、エイも見ることができたし、こうした面白寺院も見ることができたうえ、最後に恒例の西山くんおすすめスイーツの店に行ってみると、「魅惑の焼き芋ブリュレ」が珍しく売り切れておらず、正しく堪能できたので、なんだかふつうの東京観光だったような気がしなくもないのであった。

象

今回さんぽした場所

麻布十番から築地本願寺まで

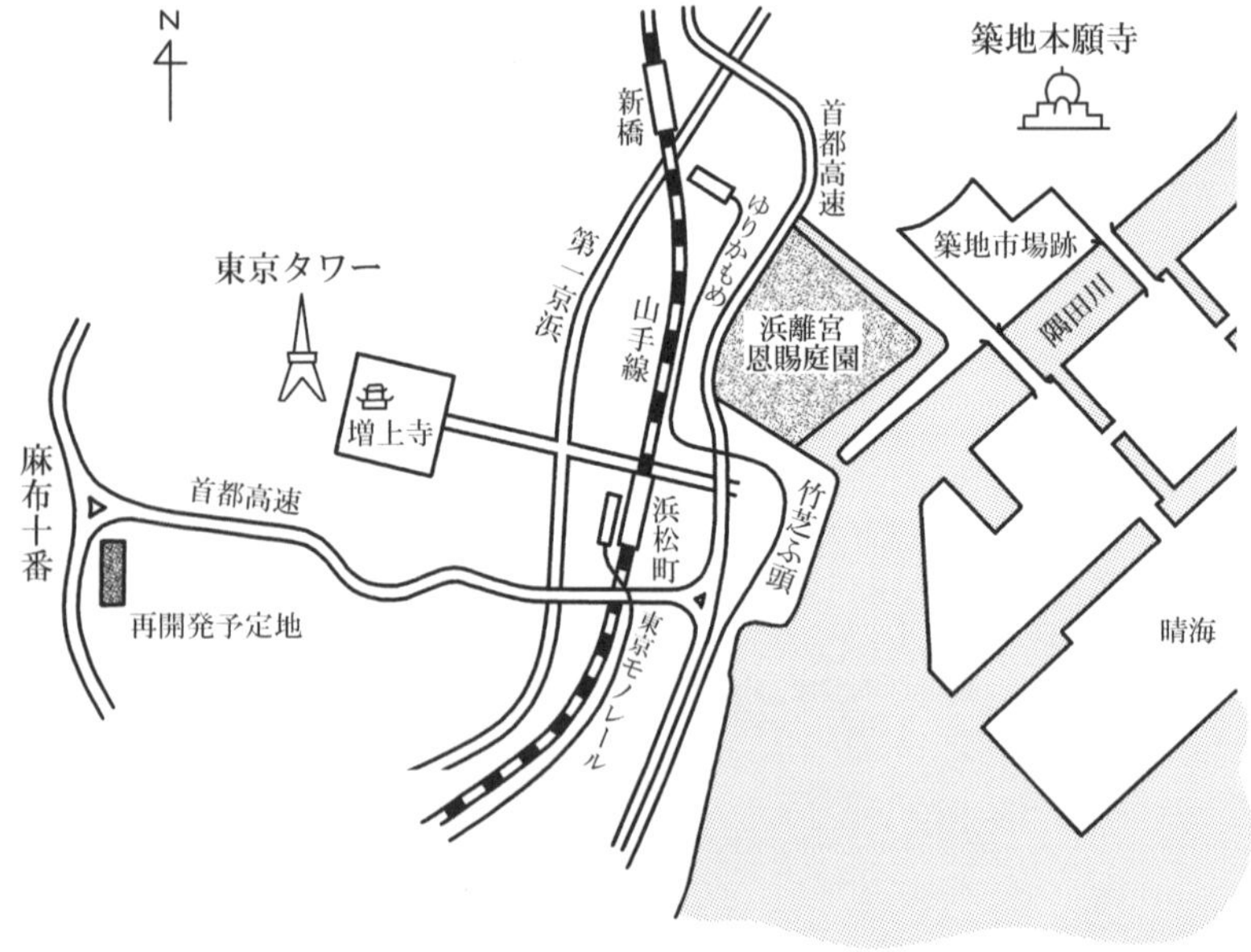

8

王子から赤羽

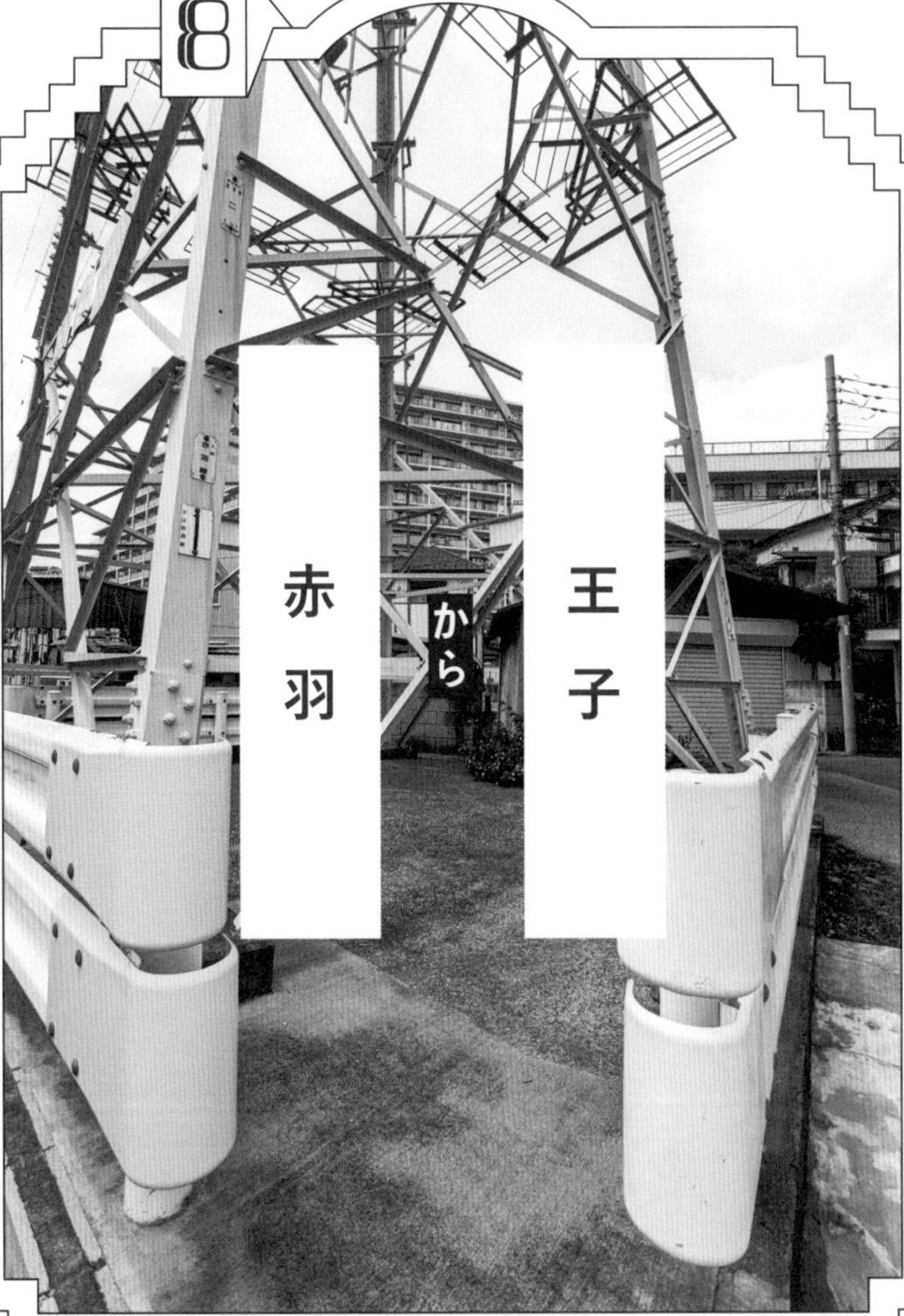

鉄塔の脚元の庭

「センス・オブ・ワンダー」も8回目の散歩となり、いよいよ佳境を迎えつつある。どのへんが佳境なのか、ちっとも盛り上がっていないではないか、という声が聞こえるが、盛り上がろうが盛り上がるまいが、8回もやれば何でもだいたい佳境なのである。相手にしないで話を進める。

今回の目的地は赤羽。

赤羽は当初から気になっていた街だ。

というのも散歩好きな人たちの間で、とても人気のある街だからだ。私も一度だけ行ったことがあり、迷路みたいな街だなと思った記憶がある。どのへんを歩いたのか忘れたが、あらためて地図を見ても、街路がいい感じに錯綜していて、そこここに坂もあって面白そうだ。ということで赤羽に行くことにしたが、赤羽に行くのであれば、同じ北区の王子にも寄りたい。

王子駅前の飛鳥山公園にある小さなモノレールに乗ってみたいのだ。

標高差にして17メートルぐらいを上るモノレールで、短いけれど、結構な急勾配を上るので、モノレール好きとして乗らねばならないと前々から思っていた。

そうして梅雨も近い6月のはじめ、西山くんと王子駅で集合し、まずはモノレールに乗りに行ったのである。

行ってみると、モノレールは点検で止まっていた。

なんと。

想定外である。

昼まで待てば動くようだったが、それだと赤羽を歩く時間がなくなってしまう。残念だが、モノレールは割愛するしかない。

西山くんとスイーツを食べに行くと十中八九売り切れているのは、今や世界的に知られる現象だが、乗り物までも止まっているとは。彼の実力を甘く見ていたようだ。

ここまでくると、たとえ本人は意図していないにしても、西山くん本体が、妨害電波か何か邪悪なものを出しているのは確実である。米軍が極秘裏に開発した人間型兵器の可能性がある。本来ならば今頃ロシア領内に潜入して極超音速ミサイル「キンジャール」を妨害しているはずだったが、何かのトラブルで指令を含めた記憶が抹消されてしまい、歯車がおかしくなって、私がスイーツを食べたりモノレールに乗ったりするのを妨害しているのだ。

赤羽にまっすぐ行けばいいところを、わざわざ王子からスタートしたのに、さっそく躓《つまず》いてしまった。悔しいが、モノレールが動かない以上、嘆いていてもしょうがないので、ここから歩きはじめることにする。


西山くんの薦めで、まず向かったのは、王子6丁目の児童遊園である。ここにいいすべり台があるという。

いいすべり台と言えば、足立区がタコすべり台多発地帯だったのを思い出す。ここ北区は足立区の隣であり、東京の北部全体に公園遊具が充実しているのかもしれない。

西山くんに言われるままにビルやマンションの建ち並ぶなかを北上していくと、公園にたどりつく前から、その遊具が見えてきた。

見えた瞬間、

「いい！」

私は心の中で叫んでいた。

それはロボット型のすべり台で、前に伸ばした右腕が階段、左腕がスロープになっている。その上にいかにもわれわれの思う昭和のロボットそのもののおもちゃっぽい

とても気に入ったロボット型すべり台

顔が載っていて、懐かしい。色も寂れ具合もいいし、あまりにかっこいいので、モノレールでの落胆が一気に払拭された。

後に調べてみると、このタイプの遊具は全国にあるようだったが、数は少ないみたいだ。どうしてこんな魅力的な遊具が全国に数えるほどしかないのかと不思議に思ったが、考えるに、最近はこういうオブジェっぽいものより、ポリエチレン樹脂のパネルを組み合わせた多機能タイプの遊具が増えており、子どもはそういうほうが複雑で遊び方にバリエーションができて、楽しいのかもしれない。

私自身、子どもの頃、公園遊具の簡素さに退屈していたことを今でもよく覚えている。せめてタコすべり台ぐらい入り組んでいないと、遊んでいてもすぐに飽きてしまうのだ。

そういう意味では、このロボットが素敵に見えるのは、昭和世代のノスタルジーに過ぎなくて、子どもには響かないのだと言われたら反論は難しい。

「ラピュタっぽいですね」

と西山くんが感想を漏らした。たしかにギリギリ現役感を醸し出してはいるが、色もところどころ剝げ落ちて廃墟っぽい。それでも個人的には好きだ。たとえ単なるノスタルジーだったとしても、これはいいでしょ。

さて、われわれはそこからさらに北へ進んでいく。

実は、私が赤羽界隈で目をつけていた重要スポットが、隅田川を渡った先にあるのだ。

ここまでは北区だったが、隅田川を渡ると足立区になる。といっても町工場やマンションがランダムに並ぶ雰囲気は、北区も足立区も変わらない。隅田川のすぐ先にはさらに荒川が流れていて、これらふたつの川に挟まれ、この足立区の新田と呼ばれる一帯は、大きな中州のようなゾーンになっている。

地図を見ると、ゆったりと川幅のある荒川に比べて、隅田川はくねくねと細く曲がりくねっているので、行政区分としては、隅田川で分けるのではなく、荒川から先を足立区にしたほうがメリハリがあっていいんじゃないかと感じたが、何か思惑あっての区分なのかもしれない。

やがて環七通りに出ると、通りの対面に目指す物件が建っているのが見えてきた。

高圧線の鉄塔である。

黒川で鉄塔の林を見る以前から、鉄塔にどうにも惹かれている自分の気持ちに気づいていた。

そんななか、鉄塔で画像検索すると、たまに塔の真下から空を見上げて撮った写真が出てくることがあった。それは四本の脚を対角線にして、そこに菱形と正方形を無限に重ねた万華鏡のような写真

真下に入れる鉄塔

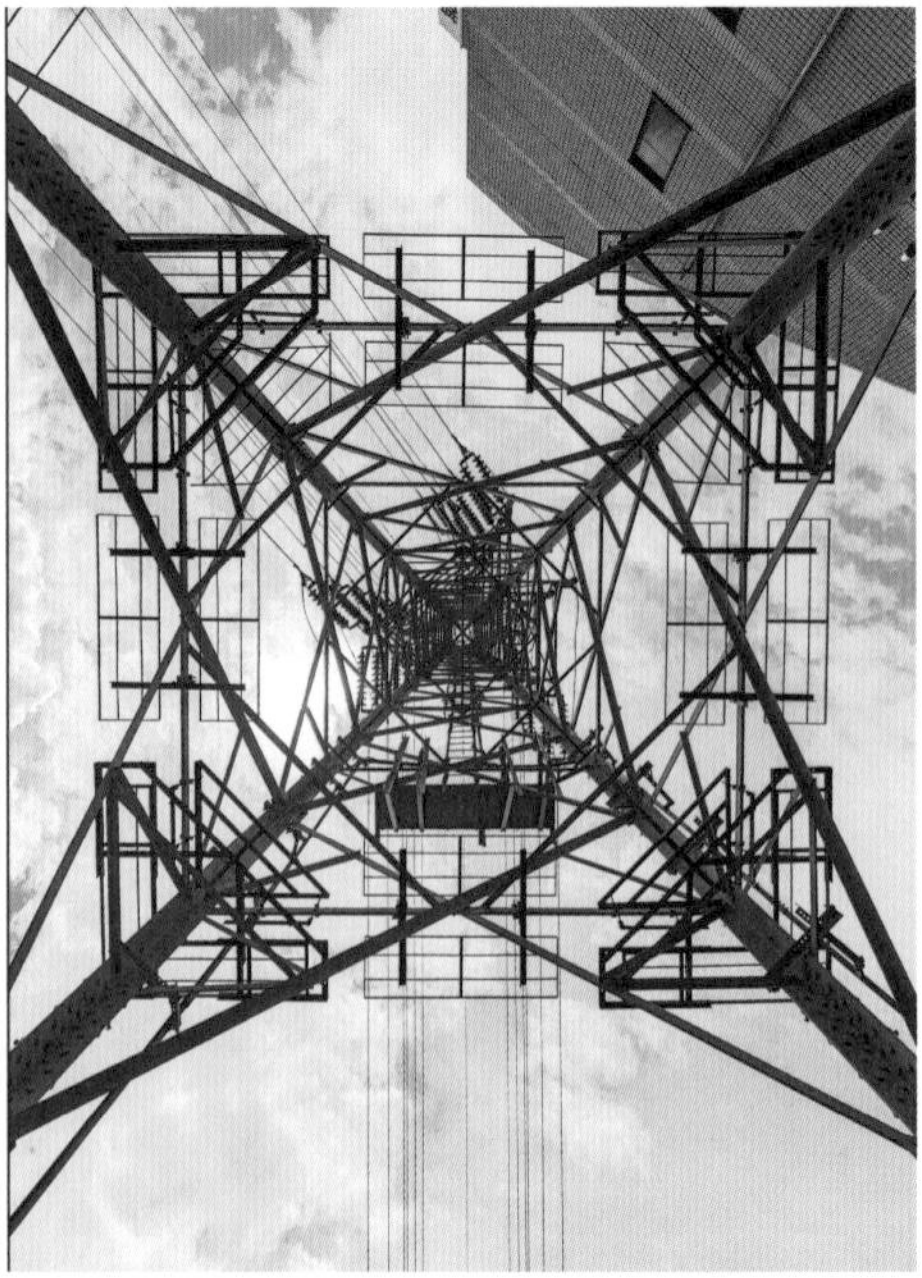

岩渕線No.2の真下から見上げる

だった。ということは当然撮影者は鉄塔の下に入ったことになる。

撮影者はどうやって鉄塔の真下に侵入したのだろうか、今までに訪ねた鉄塔は、羽田でも黒川でも、脚元はフェンスに囲われ立ち入ることができなかったのである。だが、どうやらまれに立入禁止でない鉄塔もあるらしい。

ならば私も同じように鉄塔の下に潜り込んで写真を撮りたいと、それが可能な場所を探したところ、見つけたのが、ここ足立新田の鉄塔なのだっ

路地を跨ぐ鉄塔

た。しかも近接して2か所もある。
最初に見つけた鉄塔は、近づいてみると岩淵線№2とあり、脚元をガードレールに囲われていた。一般には高いフェンスで囲われていることが多い鉄塔にあって、この構造は貴重である。しかもガードレールの角が、どうぞ中にお入りくださいとでも言うように、間隔が空いているではないか。まるで自動改札のようだ。
私は遠慮なく基部に侵入し、真下から空を見上げた。

ちょっとした庭感

おおお、素晴らしい。

見えたのは、まさに万華鏡だった。

鉄塔はひとつひとつ形が違うので、このレースのような繊細な造形を見比べるのも面白い気がする。雪の結晶を見比べるような面白さがあるのではないか。贅沢を言えば横のビルが邪魔で、万華鏡の背景全体が空であったらもっとよかった。

そしてここ足立新田には脚元に入れる鉄塔がもう1か所ある。

今度の鉄塔は志茂町線だ。

すぐそばなのに系統が違う。このあたりはいくつかの高圧線が交錯している場所らしい。

目指す志茂町線No.4は、住宅に挟まれた狭い路地にあった。

ここが珍しいのは、その路地をちょうど跨ぐように建っている点だ。

もちろん路地なので、下に入り込むことができる。

見上げた眺めはそれほど

人が歩いて潜り抜けられるようにできているのである。よそでは厳重にフェンスに囲まれている鉄塔の脚元が、路地。しかも現場に来ると、その脚の周囲に木が茂って、庭っぽい風情が醸し出されていた。

なんだかいい感じではないだろうか。ここが隠れ家カフェであってもおかしくないぐらいだ。

私はここでも真下に立って上を見上げてみたが、鉄塔の断面が正方形でないためか、てっぺんに穴が見えなかった。さっきの岩淵線No.2は真ん中に穴があり、そこから空が見えていたので抜け感があり、全体が雪の結晶のように見えたが、てっぺんが真っ黒く塗りつぶされているのは、今ひとつ軽やかさに欠けるように思われた。

なので上を見るのはやめて、植物に囲まれたこの一角の庭的な味わいを堪能した。植物もいい具合に葉っぱがデカく、お客さんをくつろがせる窓辺の観葉植物のようだ。

ここを見つけたのは大発見と言っていいのでは？

自分がだんだん鉄塔を好きになってきたこともあり、ここにベンチを置いてくつろぎたい気分だった。

立ち去りがたいが、先は長いので、後ろ髪ひかれながらも歩みを進める。

次は岩淵水門を目指

給水塔にはつい惹かれてしまう

していく。岩淵水門は、荒川から隅田川へ分岐する流れを管理する水門で、事実上隅田川の発祥となる。

荒川の土手に向かう途中、団地の方角に給水塔が見えたので、そっちへふらふらと吸い寄せられていくと、これがまた見事なフォルムの給水塔だったので、今日はいい感じのものが次々に登場するなあとうれしくなった。

給水塔は、まだ子どもの頃、幼い頭ではその用途が想像つかず、住民を監視するための何かではないかと勘違いしていた。おかげで不穏なイメージがまとわりつき、だからこそ惹きつけられたものだった。

今回見つけた給水塔はてっぺんが円盤状で、好きなタイプだ。

小山祐之『団地の給水塔大図鑑』を読むと、このタイプは実際円盤型と命名されている。他にも、ボックス型、とっくり型、むき出し型、円柱型ほか多くの形があるようだ。途中までしぼんでいた円錐が上空で空に向かって広がっていくとっくり型も結構いい。どちらも四角くないところが魅力だ。

それにしても今回の散歩は、いかにも散歩好きが（というか私が）喜びそうな、公園遊具と鉄塔と給水塔がそろい踏みで、さすが赤羽界隈、やるなあと、まだ赤羽の核心部にも到達していないうちから、うれしくなったのだった。

赤羽の迷宮路地と白いピカピカした街並み

鉄塔と給水塔を堪能したあと、われわれは岩淵水門へと向かったが、途中またしてもちょっといい景色に遭遇した。

道端の工場から道を挟んだ敷地へ配管が跨いでいたのだ。

工場の配管ファンはとても多い。私もそのひとりで、配管が込み入っていればいるほど、じっくり眺めていたくなる。

ここは「日本化薬」の工場で、いったい何をつくっているのか知らないけれども、知らなくたって配管があればワクワクすることに変わりはない。しかもそれが道の上を渡っているとなると、これはもうアトラクションと言ってもいいぐらいである。配管の下をくぐるというアトラクション。

私は学生時代に大阪に住んでいて、よく堺泉北臨海工業地帯横の高速道路を車で走りながら、この壮大な工場群が遊園地になればいいのに、と夢想していた。

迷路のような配管の脇をジェットコースターで走り抜け、溶鉱炉のどろどろに溶け

配管アトラクション

た鉄のそばで高速ターン、そしてそのままてっぺんから火を噴く煙突すれすれにかっ飛んでいけたら、どんなに爽快だろう。可能ならガスタンクにも登ってみたいし、ベルトコンベアーで奈落の底へ運ばれてみたい。

　そんなことばかり考えていたぐらいなので、配管の下をくぐるのは、ずっと小規模とはいえ、アトラクション以外の何物でもない。

　しかもここの配管は通常の銀色のほかに赤い管が混じっていて、まるでウルトラ兄弟のようないい塩梅のカラーになっていた。遊園地にぴったりだ。

　道を跨いでいる部分のほかに、建物の角でごちゃごちゃとわだかまっているところがあり、それもいい。

　配管は工場でないような事務所的建物の周囲にも、まるで雨樋《あまどい》のような気軽さで巡っていて、こんなにむき出して大丈夫なのか、破壊工作員が来たらどうするんだ、と心配になった。

銀と赤のウルトラ兄弟カラーをした配管

　それにしても、この配管に惹かれる気持ちとは、いったい何なのだろうか。人は迷路っぽいものが本能的に好きということだろうか。
　カオスな光景に惹かれているのかもと思ったが、これがたとえば管でなくて棒でできていたらどうかと考えると、魅力が半減するように感じられた。
　ということはやはり管であることが大事で、管とはつまり通路であり、道であるわけなので、心の奥深くで、道への憧れ、異境へと誘ってくれる旅路への希求みたいなものと繋がっている気がした。ならばきっと、配管好きは旅好きでもあるんじゃないだろうか。こじつけすぎと言われるかもしれないが、それ以外に配管にそそられる理由が思いつかない。

オーラを感じる工場

「日本化薬」の配管は、このあと荒川の土手にあがるまで続いていて、アトラクションとして長く楽しめた。

土手にあがったわれわれは、さらに新たな魅力的光景に出くわした。

それは対岸に見える工場だった。

存在感に満ちた鉄錆色の巨大な工場が横たわり、強烈なオーラを放っていた。

またしても工場。

目を引くのは、屋根の上に突き出した3本の太い管だ。3本の管が屋根から生えて、輪を描くよ

岩淵水門

うに折れ曲がり、軒にある横1本の管に繋がって、いかにも怪しい。複雑な配管は見えないものの、受ける印象としては何か途方もないことを目論んでいるように見える。

残念ながら近くに橋がなく、近寄って詳しく観察することはできなかったが、後に検索してみたところ、「小林鍍金工業」というメッキの会社の工場だった。ストリートビューで見ると、期待に違《たが》わぬ見ごたえのある工場だ。間近で見ればさらに迫力がありそうだった。

荒川の対岸から反対側に目をやると、隅田川も見えた。ふたつの川がより添って流れている。そして土手の先には青い岩淵水門も立ちはだかっている。と、その前に、不思議なものを見つけた。

土手の上に、消波ブロックが大量に並んでいたのだ。

消波ブロックといえば海を連想するが、それがどうしてこんなところに?

私の素人考えだが、おそらく増水時に土手がえぐられそうになったとき、これを土手下の水中に投入して崩壊を防ぐためではないか。そのときに備えてここで待機させられているのだ。

消波ブロックの群れ

今はまだ出番がなく、苔が生えたりして、打ち捨てられた感が大きいが、いざとなれば東京都民を水害から守る最後の砦なのである。

そして岩淵水門に到着。水門は新旧2つあり、新しいほうが青、古いほうはオレンジに塗られて、隅田川を跨いでいる。

ただ上流のオレンジと下流の青の水門の間には荒川に繋がる流れがあり、オレンジの水門を閉じても、荒川の水が隅田川に侵入するのを防ぐことはできない。おそらく新しい水門をつくるときに、土手を掘削し、新しい水路を開けた結果、そこだけ島となって残ったのだろう。オレンジの水門はその残留した島のほうに繋がっている。

渡ってみると、緑あふれる島で、ベンチに座って風に吹かれている人たちがいて、気持ちよさそうだった。

それほど緑の多くない北区や足立区の中にあって、のどかに風に吹かれることができる場所は貴重かもしれない。

旧水門と小島

そろそろお腹もすいてきたので、このへんでお弁当を広げたい気がするが、もちろんそんなものは持ってきていないので、いよいよ赤羽の核心部へ向かう前に川を離れて昼食をとりにいくことにした。

本番はここからなのである。

大空の門

西山くんがネットで見つけた食堂を目指したところ、1軒目は満席で、2軒目は本日の営業を終了していた。さすがの西山パワーだ。もうちっとも驚かない。われわれは粛々と歩を進め、赤羽駅近くまで歩いて商店街のチェーン店でランチをとったのだったが、こんなことなら、やはりあらかじめコンビニでおにぎりでも買って、あの島で食べればよかったと思ったのだった。

そうしていよいよ赤羽の探

きりんのすべり台

索へ向かう。

まずは、西山くんがあらかじめ調べて「変な門があるんです」と報告してくれた、赤羽駅にも近い公園に寄ってみる。たしかに変なデザインの門があって、橋のように上を渡れるようになっていたが、今は立入禁止になっていた。どうやら片側はすべり台になっていたようで、門の形をした遊具だったらしい。立入禁止の説明があって、〈私は遊具としての役目を終えて、モニュメントとして新しく生まれ変わることになったんだ。〉と書かれていた。

「子どもたちへのお別れの手紙みたいですね」

と西山くんは寂しいことを言った。

同じ公園内には、他で見たことのないきりんのすべり台もあって、大小4頭のきりんがひとつに繋がった妙な構造になっていた。こんなのは初めて見た。ただ、今回は先にロボットのすべり台を見ていたので、インパクトは薄かった。

われわれはここからさらに、駅の北にある新幹線の線路を跨ぐようにしてそびえる赤羽八幡神社を参拝。ここは小山の上に建っていたら、突然新幹線がやってきて山をぶち抜かれてしまった形になっており、グーグルストリートビューでそのトンネルの入口を眺めると、なんとなく漂うサンダーバード感があって気になっていた。

赤羽八幡神社のお稲荷さん

すなわち、こういう小山や島が一見ナチュラルを装いながら、そこに道路や線路が貫入している構造は、サンダーバードの秘密基地っぽく、新幹線以外にも鳥居が倒れ

スターハウス

てその下からロケットが発射されたり、神社奥の祠から戦車が発進するみたいな工夫が施されているのではないかと勝手に想像して面白がっていたのである。

現場に来てみると、境内のお稲荷さんの赤いキツネ像が、色が剝がれてボロボロだったのが一番印象に残った。これも何か仕掛けがあって、夜中に動き出すスパイロボットである可能性を考えたが、こんなに赤く塗らなくてよかったんじゃ？　と思った。

その後はこれまた西山くんが目星をつけていたY字型の団地も見に行く。Y字型は珍しく、業界ではスターハウスと呼ばれているらしい。おそらく平面図が星型に見えるためだろうが、腕が3本なので、実際はマキビシ型である。

こういう形の団地があることは知っており、日当たりについてはどうなっているのだろうかと勝手に心配していた。3本腕の中でババを引いている1本があるのではないか。Yの字の左上に伸びる腕は朝日が入らず、西日ばかり当たって損なんじゃないか。

とか勘ぐりながらたどりつくと、改装中だったようで、フェンスで囲われ近づけなくなっていた。なんでもこのスターハウスは文化財に登録され、今後ミュージアムになるようだ。

それにしてもモノレールやスイーツや食堂に限らず、西山くんと来ると、その場所が立入禁止にまでなっているのは、確率の問題ではなく物理法則のようなものらしい。

普門院のストゥーパ

赤羽は高低差の街

実は赤羽駅近くでは、ビルの屋上に自由に参拝できる神社があるというので行ってみたら、これもすでに閉鎖されていたのである。そのうち中学校の理科の授業でニシヤマの法則を教えはじめるのではあるまいか。

なお、西山くんのメンツのためにひとこと言い添えておくと、この屋上の神社は閉鎖されていることが事前にわかっていたので、西山くんとは別の法則だったかもしれない。

逆に今回、西山くんが事前

調査した物件で、ちゃんと見ることができたのは、普門院というお寺にあったストゥーパである。インド式の仏塔で、日本でもたまに見られるが、異国情緒ただよう造形が印象的であった。

それらいくつかのスポットを交えつつ、赤羽をランダムに巡ったわれわれだが、何より面白かったのは迷路のように入り組んだ街の路地そのものだ。赤羽は日暮里崖線の北端にあたり、縄文時代に東京の東半分が海の底だったときは、岬になっていたと考えられている。そして赤羽周辺では崖線からいくつかの谷が西方向に切れ込んでいるため、駅の西側は高低差あふれる地形となり、そういう場所の常として道は曲がりくねり、多くの坂が見られるようになっているのだった。

やはり高低差があると歩いていて楽しい。さすが散歩好きが喜ぶだけのことはある。

私はすっかり満足したが、西山くんは、

迷路のような路地がいい

無用庇

「決定的に何か時代が過ぎ去った感じというか、起こるはずだった何かが起こらなかった世界線を歩いたような気がします」

とまた寂しげなことを呟いていた。

取り壊し予定のY字型の団地の周囲に、真っ白でピカピカしたきれいな団地ができていて、そうした新しい建物がゴミゴミしたものや猥雑なものを呑み込んで、《センス・オブ・ワンダー》の機能しない何の変哲もない街に変えてしまうその最終局面に立っている、そんな感慨があった、と西山くんは言うのだ。

「公園にあった変な門のようなよくわからないものや、繁華街にあったビルの上の神社などを生み出した自由な想像力や情熱やエネルギーはどこにいったのでしょうか」

たしかに、古き良き街並みがどんどん消滅していくことを嘆く声をよく聞くが、それはきっといつの時代も繰り返されてきたことで、鎌倉時代に武士が台頭して平安京の雅な風情が失われると公家が嘆いたのと同じではないかと思わなくもない。

われらが《センス・オブ・ワンダー》は、その時代その時代で形を変えて、たとえばピカピカのイオンモールの中でも、いずれ未来人の琴線に触れるワンダー物件が、思わぬ形で登場してくると期待している。

そもそも、今後この世界がピカピカした街並みに漂白されていくのは一部の都市部だけで、私はむしろ世界の大半は廃墟化していく可能性が高いような気がする。

西山くんはあとで、そういう白くてピカピカしたものに惹かれる気持ちが自分にもあるとダブルバインドな心境を告白したのだが、廃墟化する世界の中でピカピカを求めるのは自然なことで、私自身はピカピカもロボットすべり台のようないい感じのものも両方好きなのだった。

今回さんぽした場所

王子駅から赤羽駅まで

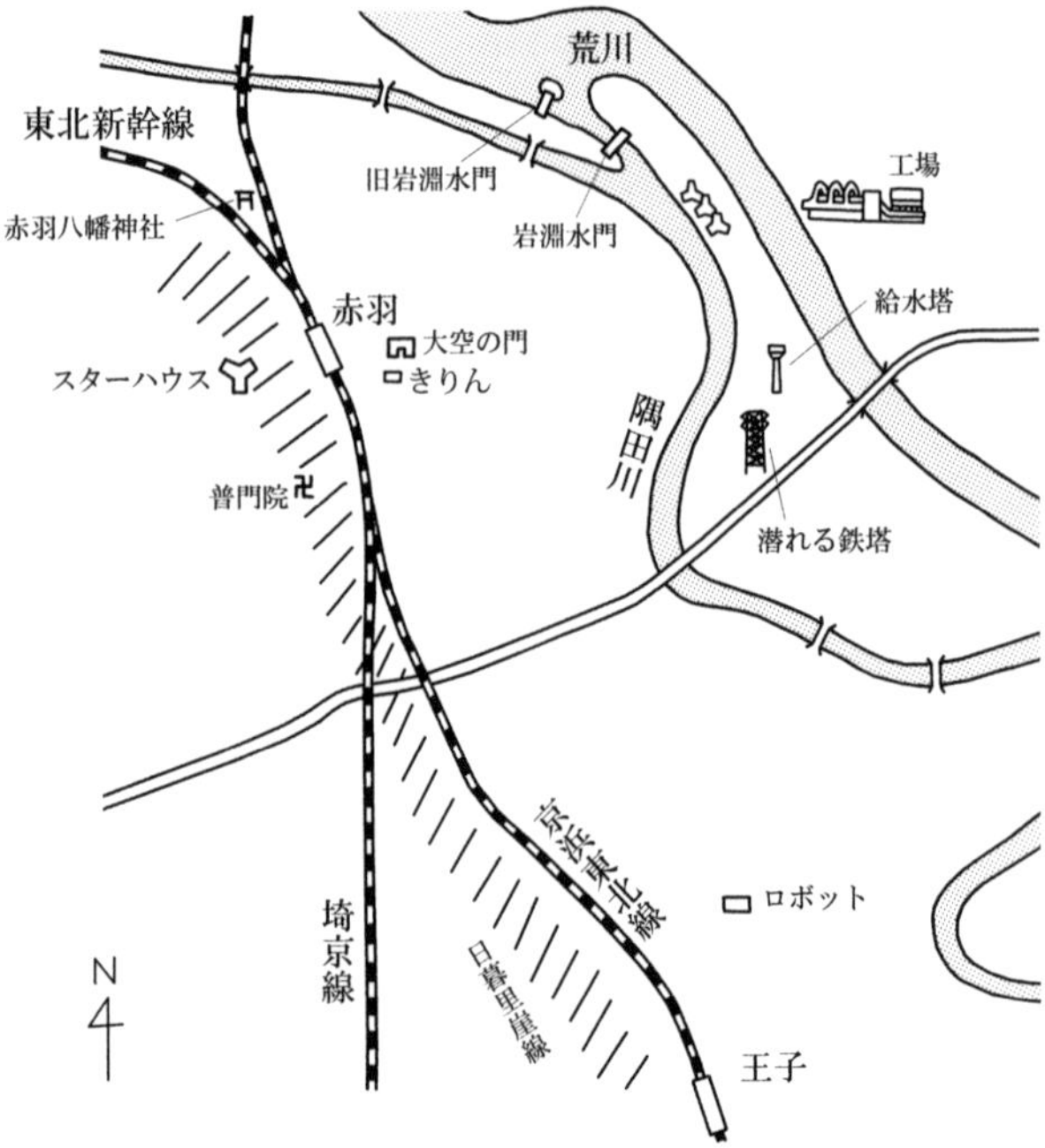

7

阿佐ヶ谷界隈

昔住んでいた家と植物のふりした妖怪

最初の散歩から1年が過ぎ、また西山くんが暑苦しい季節がやってきた。なんだけど、今日はその西山くんはお休みで、ひとりである。

だからというわけではないが、今回は、どこからどこへ歩くと決めずに、その場の思い付きで行き当たりばったりに歩いてみようと思う。

実は本書とは関係のないところで、私はここ数年独自にあちこち散歩しまくっている。もともとは新型コロナウイルスのパンデミックで旅行ができなくなったために、何でもいいからどこかへ行きたいという思いで散歩をはじめたのだった。

家の近所からはじめ、できるだけ知らない道を歩きたいと、徐々に行動範囲を広げていった。すると、家のすぐそばにこんな田舎道があったのか、とか、この道はここに通じていたのか、とそれまでは気づかなかった街の風景をたくさん目にするようになり、どんどん楽しくなっていった。

私は旅行好きを標榜しながら、新型コロナのパンデミックが起きるまで、家の近所に関しては、家と駅を繋ぐ道以外は、病院やスーパーと、あとは子どもの学校までの道、さらに子どもを遊びに連れていった公園の近辺を知っている程度で、それ以外の膨大な領域を見過ごして生きてきた。

それが未知の領域を歩くようになると、自分の住む街が立体的に見えはじめたのである。

それで思い出したのは、独身時代に住んでいた土地のことだった。実家を出て以来、私は東京の調布市、品川区、そして杉並区の阿佐ヶ谷と移り住んだ。なかでも阿佐ヶ谷は2度の引っ越しをしつつ、3年間住んだため、それなりの思い入れがある。思い入れはあるものの、今思い返すと、思い出せるのは駅周辺と自宅を結ぶ道だけで、それ以外についてはまったく何も知らないことに気づく。

休日は山に行ったり、海に行ったり、海外旅行に行ったりしていながら、家の近所についてはほぼスルーしていたのである。

かつて住んでいた家の周辺はいったいどんな感じだったのか。歩いてみれば何か面白いものもあったのではないか。

散歩に慣れてきた私がそう考えるのも無理はない。

そこで今回は、昔の家の周囲を散策してみることに決めて、阿佐ヶ谷に行くことに

近所なのに知らなかった道

した。かなり個人的な思い入れとともに歩くことになるだろうから、面白いのは自分だけかもしれず、西山くんがいないのは西山くんにとって幸いだった。

駅を降りると、10歩歩いただけで汗が出そうなほど蒸し暑かった。このことから、西山くんがいなくても世界は暑苦しいことがわかった。

歩きはじめても、とくに懐かしいという感慨はない。実は阿佐ヶ谷からよそへ引っ越した後も、何度か来ているのだ。

それでも、かつて住んでいたアパートに向かって歩き出すと、徐々に懐かしさが戻ってきた。

引っ越してからもう30年近くが過ぎている。

驚いたのは、アパートにたどりつく直前に知らない路地を発見したことだった。その雰囲気からして、おそらく暗渠だろう。今なら間違いなく探検してみる道であり、今回も歩いてみたが、通勤途中にあるにもかかわらず、当時はまったく気づいていなかった。暗渠なんて言葉も知らなかったはずだ。いかに近所に関心がなかったかが知れよう。

その後さらに、何度も歩いた道を曲がろうとして、道の真ん中に電信柱が立っていることに気がついた。

こんなところに電信柱、あったっけ?

これもまったく記憶にない。

こんなんじゃ車が通れないではないか。これほど邪魔なのだから、覚えていてもよさそうなのに、さっぱり記憶がないのはどういうわけだろうか。当時は家の近所に果てしなく興味がなかったようだ。

角を曲がってしばらく歩くと、昔住んでいたアパートにたどりついた。駅からとて

電信柱が邪魔

も近い。アパートの形はよく覚えていて、すぐにそれとわかった。ひょっとしてなくなっているかと思ったりもしたが、まだ健在だった。

しばらく眺めていたが、懐かしい気もするものの、そうでもないようでもある。

ここは、住んでみたが気に入らず、すぐに引っ越したからかもしれない。半年ほどの短い間だったから、暗渠にも電信柱にも記憶がなかったのか。

時が経つと、見るものが変わってくるのは興味深い。当時の私はいったいどんなことを考えてこの道を歩いていたのだろう。詳細は思い出せないが、たぶん仕事のことや彼女のこと、次の海外旅行のことなどで頭がいっぱいだったにちがいない。近所の散歩についてはまるで眼中になかったどころか、散歩など時間の無駄ぐらいに思っていたのかもしれない。

さらに阿佐ヶ谷で、もっとも長く住んだマンションに行ってみる。当時の私は阿佐ヶ谷をかなり気に入っていた。何より勤務地の新宿に近く、それでいて独身者向けの部屋がそこそこの値段で借りられたのが大きい。

昔住んでいたアパート

マンションは阿佐ヶ谷駅から北へ10分余り歩いた先にあった。

おお、こっちのマンションは懐かしい感じがする。長く住んだからだろう。下にパン屋があったはずだが、それは別の店に変わっていた。

当時は駅から結構歩くように思ったが、今回来てみると、それほどの距離ではない。

昔住んでいたマンション

そして面白かったのは、このマンションから先に何があるかまったくわからなかったことだ。数年間住んだにもかかわらず、駅と反対方向には一度も歩いてみなかったのである。

それがサラリーマンということだろうか。あるいは若いということなのか。とにかく自分の身の回りに関心が薄く、遠いところばかり見ていた年代だったということだろう。

私はかつて『東京近郊スペクタクルさんぽ』という本を書き、そこでは、路地とかそういうチマチマしたものを見るより、どーんとスペクタクルが感じられる、もっとインパクトのあるものを見て回りたい、と宣言している。

同じ思いは今もたしかにある一方で、最近は身近でささやかな景色の中にも不思議で面白い世界があると思うようになっており、それは新型コロナのパンデミックで心境が変わったこともあるが、年齢の影響もありそうである。

人間歳をとると、夢ばかり見ていた若い頃と違って、何でもないような身近なことが愛おしくなるものだ。《センス・オブ・ワンダー》は、それなりの疲れ、あるいは諦め、もしくは飽き、を経験することで心の中に育つのかもしれない。

さて、とうに会社も辞め、遠いところばかり見なくなった現在の私が、当時の自分にかわってこの先を散策しようと思う。

このあたりは住宅街で、なおかつあまり高低差もないことから、風景はやや単調だ。鉄塔を見に行こうとか、交通公園を見に行こうとか、ガスタンクとか富士塚とかそういう目的地もないので、かわりに路傍の気になる存在に注目してみたい。

この連載では多くのマニアの著作などを参考に、街で見つけられる面白いものを探してきた。トマソン然り、電線然り、配管然り、公園遊具然り、暗渠然り。今回も

《センス・オブ・ワンダー》を駆使して、そうした特異な風景を見つけてみよう。

　さまざまなジャンルが台頭するなか、私がとくに注目しているのは「植物のふりした妖怪」だ。

「植物のふりした妖怪」は、知り合いで路上園芸鑑賞家の村田あやこさんが名づけたもので、街の中にあって、まるで妖怪や怪獣か何かのように見える植物のこと。村田さんは、そんな植物を見つけると写真を撮り、Twitter（現、X）にハッシュタグをつけてアップしていて、私もいつしかそれにならうようになっていた。

植物のふりした妖怪

ひとつ目の妖怪

　ならうだけでなく、その活動がとても気に入った私は、彼女が主宰する路上園芸学会の「植物のふりした妖怪」担当に任じてもらったほどだ。担当といっても、散歩中に見つけた「植物のふりした妖怪」の写真を、見つけ次第Twitter にあげるだけだが、この

恐ろしい顔に見える

異形のカイヅカイブキ

ささやかな活動は私の散歩における大きなモチベーションのひとつになっている。

　それにもかかわらず、本書でいまだそのような植物を見出していないことを憂慮していたので、今回阿佐ヶ谷で優先的に探してみたい。

　ちなみに「植物のふりした妖怪」を具体的にイメージできない人のために、いくつか写真を紹介しておく。

　不気味なものもあれば、ユーモラスなものもあるが、擬人化あるいは擬獣化できそうな感じの植物といえばわ

かってもらえるだろうか。

街角や道端でこんなものに出会うと、一瞬ぎょっとするか、じゃなければ、ふふふと笑いが漏れるかするだろう。その瞬間、心の中には《センス・オブ・ワンダー》が発動していると言っていい。実際はただの植物に過ぎないものが、想像力を喚起し、新しい世界を開くのだ。

そうして今回最初に見つけたのがこれだった。

トルネードのようなカイヅカイブキ。

カイヅカイブキはもともと火炎のような樹形が面白く、妖怪化しやすい植物のひとつだ。まるでソフトクリームか何かのように渦を巻いている様子が、珍妙である。

さらにこういう家も見つけた。

思わず、大丈夫か、と声をかけたくなるが、最近はこのような廃屋をよく見かける。うまくすると妖怪的に面白い感じになっているものもある一方で、近所に住む人にとっては面白がってもいられない危なっかしいものもある。いずれ倒壊する危険もあるし、変な獣が住んだり、虫が湧いたり、悪臭がしたりするかもしれない。

そういう迷惑の懸念のない植物をもうちょっと探してみよう。

無言板と、見えているけど見えていない世界

適当に歩いていると、西武新宿線の鷺ノ宮駅に出た。

事前にスイーツ男子の西山くんから、鷺ノ宮の『珈琲亭 郷』のかき氷がうまい、という情報を得ていたので、行ってみる。西山くんといっしょにスイーツを食べに行くと、十中八九営業時間外か、営業中でも満員で入れなかったり、目当ての品が売り切れだったりするという法則があるが、今回はひとりだったので、スムーズに店に入れて、おいしいかき氷にありつくことができた。かなりムシムシと暑い日だったので、かき氷はまさにうってつけのスイーツだった。奮発して一番高い宇治金時を注文したのである。

このことからもニシヤマの法則が間違いでないことがわかる。

さて、昔住んでいた家の周辺をめぐる散歩にしては、遠くまで来てしまった。あまり昔の生活圏から離れないように、ここから折り返して、中央線方面に向かおう。

ちょうど鷺ノ宮駅の南に妙正寺川が流れており、これを遡れば荻窪に近づくことが

できる。

妙正寺川はこの先の妙正寺池を水源とし、ここ鷺ノ宮駅前を通過して、以前歩いた哲学堂公園に出たあと、その先で神田川に合流する。東京都内にはこの妙正寺川のほか、善福寺川だの野川だの仙川だの小さな川がたくさん流れていて、たいていその脇に遊歩道がついている。この妙正寺川も流れに沿って歩けるようになっていたので、これを遡った。川のはじまりというのは、行ってみたくなる何かがある。

私はかつて山の会に所属し、沢登りに熱中していたことがあり、そのとき川の最初の一滴はどんなふうにはじまっているのか知るべく、どこまでも遡ってみたことがある。

そのとき当たり前の事実に直面し、当惑した。

それは、厳密には川の最初の一滴などないという事実だ。

最初の一滴は山頂近くの池塘《ちとう》から流れ出していることもあったが、多くは山の斜面にうやむやに消えており、沢筋がいくつにも枝分かれして、その中で一番太い筋を追っていっても、たいてい川はバラバラに分散してしまって、最初の一滴がそこらじゅうにいくつもあるという事態に遭遇することになるのである。考えてみれば、川というのは、いくつもの流れが合わさってできるわけで、元をたどると最初の一滴が無数にあるのは当然である。それを知ったとき、最初の一滴を探すという行為がなん

かっこいいフォルムの給水塔

だかバカバカしく思えたものだ。もっと感動的な、最初の一滴があると思っていた。
それに比べると平野部の湧水は、川の最初の一滴と呼んでもよさそうであり、たどりやすい。

妙正寺川に沿って団地の中へ紛れ込んでいくと、その先で給水塔に出会った。
給水塔は、散歩で見られる魅力的風景のひとつである。
この給水塔は私の好きな円盤型で、フォルムもスマートだった。青空にまっすぐ立つ

フェンスを食む樹

その姿に惚れ惚れする。

　そこからさらに遡っていくと、フェンスをハムっと食《は》んでいる樹を見つけた。いかにもハムッという擬音が聞こえてきそうな光景だ。こういうふうに樹が人工物にまとわりついているのをたまに見るが、まさしくこれは「植物のふりした妖怪」の一種と見ることができる。

　気をつけて歩けば、「植物のふりした妖怪」はいたるところにあるのだ。

　そうこうしているうちに妙

正寺公園にたどりついた。この公園内にある妙正寺池が妙正寺川の水源ということだが、湧き水らしい透明感はなかった。今は湧き水も枯れたとかで、地下水を人工的に汲み上げているらしい。

住宅街に入ると、笑っているような自販機を見つけた。近寄ってよく見ると、黒い眼と口はガムテープのようだ。わざわざ誰かが貼ったのである

こうすることで何のメリットがあるのかわからないが、きっと真っ白いだけでは殺風景に感じたのだろう。

そういう狙ったものではなくて顔に見えるという意味では、住宅街の交差点で見つけたガードレールがかわいかった。

笑う自販機

妙正寺池

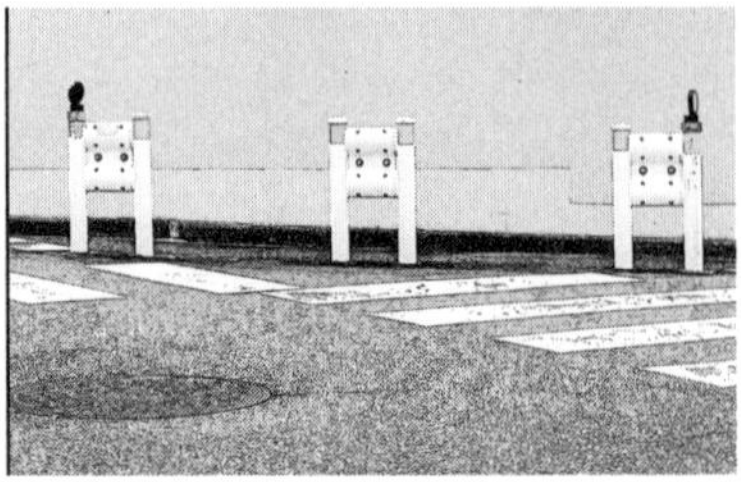

顔のようなガードレール

無言板

カバの子どものようである。

そして次の写真。西山くんが好きな無言板の一種だろう。「迷惑!!」とだけ書かれていて、その先は消えてしまっている。

いったい何が迷惑なのか。近寄ってよく見ると、「駐車禁止」と赤字で書かれたものが消滅しているのだった。ならば、「迷惑!!」のほうを赤字にして、「駐車禁止」を黒字にしたほうがまだよかった。

この看板の赤い文字が消える現象は全国各地で起こっていて、私もかつてこんな看板を撮ったことがある。

　次の写真がそれだ。

「歩行者に」何だというのか。

　これも近寄ってみると「歩行者に」に続けて「注意」の文字が消えている。「歩行者に」の上に来る文字については、目を凝らしても見えなかった。それにしても、赤い文字は消える。

歩行者に

　ということをもっと周知させたほうがいいのではないか。ちゃんと周知させないせいで、今でもあちこちで意味不明な看板が頻出しているのだ。これだけ多く不備を目にするにもかかわらず、今もどこかで誰かが赤い字で大事なことを伝えようとしているのは、どう考えても頭が悪い。

　ちょうど先日『無言板アート入門』（楠見清著）なる文庫本が発売され、買って読んだが、そこでは無言板をその内容によって分類していた。それによれば、この「歩行者に」は、和歌になぞらえて《上の句看板》に分類されていた。

上の句だけ詠んで、あとはこっちが勝手に推測する看板である。たいていは決まり文句なので、だいたい下の句も想像できるとあり、たしかに「歩行者に注意」とすれば、ゴロもよく、そこまでは簡単に推測することができる。だが問題は、上の句のさらに上の句で、ここには十分なスペースがあることから、何か書かれていたとおぼしい。ただが「歩行者に注意」の上に該当する言葉がまったく浮かんでこないのだった。たぶんスペース的に文字は2つだ。わからないが、「横断歩行者に注意」かもしれない。もしかして「変態歩行者に注意」の可能性もあるだろうか。そりゃ注意が必要だ。あるいは「吸血歩行者に注意」ぐらいになると、この街に何が起こっているのか心配になる。

それにしても、無言板とはよく言ったものだ。

無言板と名づけられるまで、こうした看板は何ものでもなかったのである。ほとんどゴミのようなものだったと言ってもいいかもしれない。

しかし楠見さんがそれに注目したことで、無言板というアートっぽいものに化けたのである。化けたのはわれわれの頭の中でであり、実際にその看板が何かに変わったわけではない。

そうやって見方を獲得することで、それまで気にも留めていなかったものが、楽し

いものになる。そういう現象をわれわれは今たくさん経験している。ひとえに散歩の力だ。散歩しながら街を凝視する人が増えたおかげで、たくさんの景色が開発された。ちなみに無言板について言うと、私もこれまで決して気づいていなかったわけではない。過去のファイルを漁ってみると、こんな写真を見つけた。

明らかに無言板に注目してはいたのである。だが私はこれらに名前をつけることはなかったし、積極的に類似品を探そうともしなかった。わざわざ撮っていながら、その豊かな世界に気づかなかった。《センス・オブ・ワンダー》が十分に発動しなかったわけだ。

この例からもわかるように、実は世界には、気づかなければ、そのままスルーされてしまう魅惑的な風景があり、それらは誰かに発見されるのを待っている。

たとえば暗渠や異形矢印なども、私にとってはそういうものだった。誰かがそれを言葉にするまで、そこにそういうものがあることを見ていながら見ていな

無言板写真はいくつもあった

荻窪近くで見た肝臓の形をした無言板

かった。

私は散歩中、鉄塔や給水塔、ガスタンクや大仏など、大きなものに目がいきがちなのだけれども、逆に極小の世界に視野を広げてみると、たとえば花のおしべやめしべには、信じられないような色彩や形が見られることがある。自然に目にとびこんでくるものではなく、敢えて立ち止まってじっくり見なければその存在に気づくこともないけれど、そこにはたしかに日常を新しい世界へと押し開く発見がある。

レイチェル・カーソンは人工物から「センス・オブ・ワンダー」は得られないと断じていた。彼女のいう「センス・オブ・ワンダー」はたしかにそうなのだろう。その観点で見れば、われわれ散歩者の《センス・オブ・ワンダー》は取るに足らないものかもしれない。

しかしそれでも、都市で生きていかなければならない身にとっては、《センス・オブ・ワンダー》は世界を一新させる感覚であることは疑いがない。

子どものとき、学校への通学路は宇宙だった。そこかしこに気になる何かがあり、発見があり、ふしぎがあった。そこに人工物と自然の区別はなく、すべてが宇宙だった。

道草という言葉は、道で草に目を奪われることを意味しているのだろう。道を歩いていて、たまたま見つけた草や何かにぐぐっと引き込まれること。心を持っていかれること。それが道草だとすれば、《センス・オブ・ワンダー》とは、道草的感性と言いかえることができる。

気がつくと私は荻窪駅に着いていた。阿佐ヶ谷の隣駅だ。

考えてみると、私は阿佐ヶ谷に3年も住んでいながら、隣の荻窪駅で降りたことがほとんどなかった。

未知の世界はここにもあったわけだ。

今回さんぽした場所

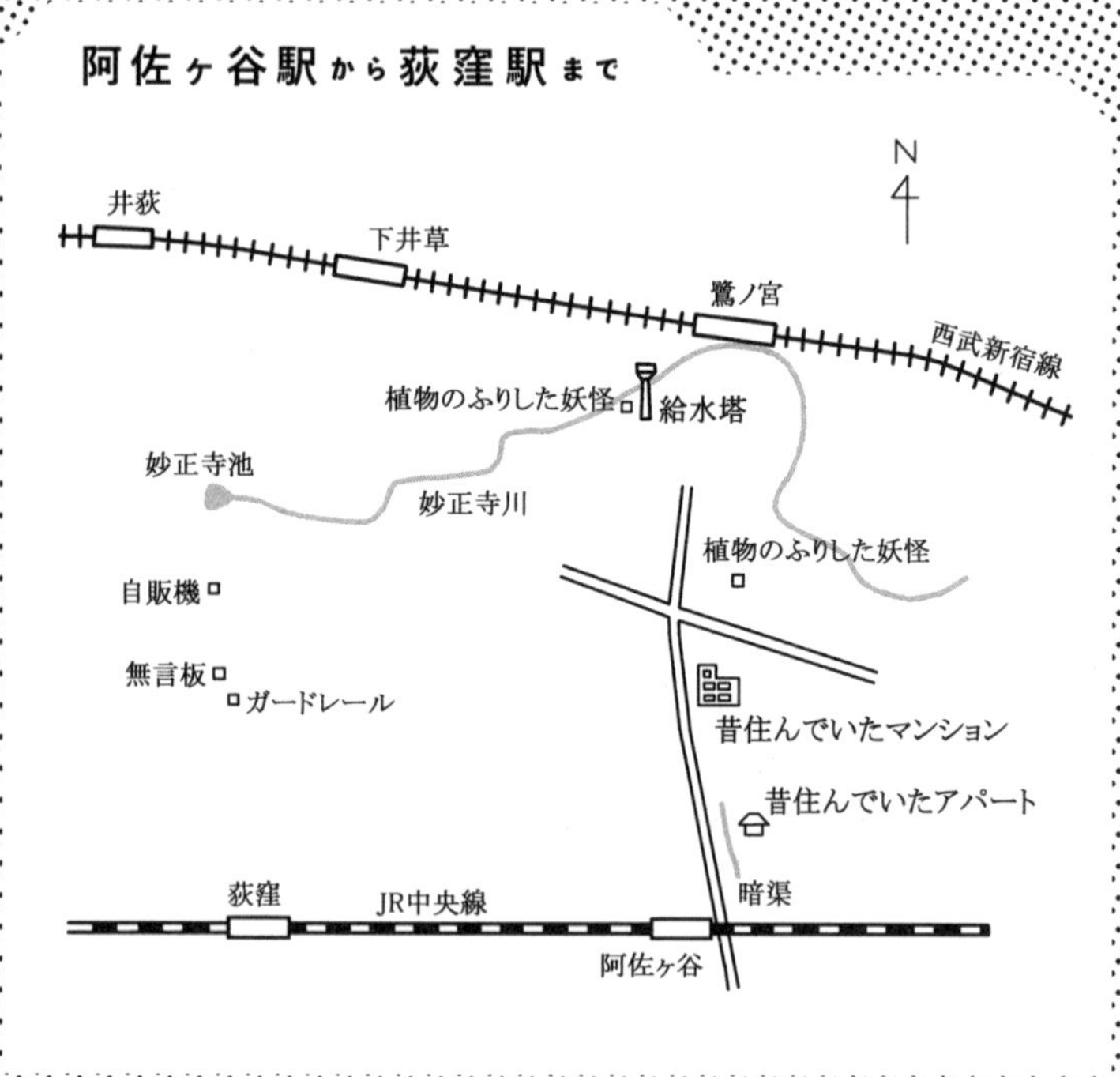

阿佐ヶ谷駅から荻窪駅まで
N
井荻
下井草
鷺ノ宮
西武新宿線
植物のふりした妖怪
給水塔
妙正寺池
妙正寺川
植物のふりした妖怪
自販機
無言板
ガードレール
昔住んでいたマンション
昔住んでいたアパート
暗渠
荻窪
JR中央線
阿佐ヶ谷

10

神楽坂から曙橋

［追録編］

現場で適当につくられた自由課題みたいな遊具

あるとき東京都心部の地図を眺めていて、前々から気になっていたのに出かけていないゾーンがあることに気づいた。

それは新宿区荒木町である。

迷路っぽい路地が好きな私は、ときどき「迷路　路地」「迷路　街」などのワードで検索をかけるのだが、東京都内で探すときまって引っかかるのが、荒木町なのである。

グーグルマップで見ると、たしかに道が入り組んでいるものの、街全体の範囲は狭く、これで果たして迷路っぽさが味わえるのか疑問に思っていた。いや、疑問というかむしろ、ここを迷路と呼んでいる人は迷路の素人で、本格派の私には通用しないぞと上から目線でシビアに見ていた。

その荒木町に行ってない。

本格的迷路でないなら行かなくてもいいが、可能性がゼロではないなら、行ってみたくないこともない。そのようなまどろっこしい思いを胸に抱えて今日まで過ごしてきたわけだが、どっちなのかはっきりさせるべきではないかと思い直し、荒木町に行くことにした。

荒木町だけでは範囲が狭いので、地図を眺め、坂の多い市ヶ谷、四谷界隈も合わせて散歩しようと思う。

西山くんを誘い、まずは神楽坂駅で集合。

そんなことじゃないかと思っていたが、やはりこの日も蒸し暑かった。なぜか西山くんが来ると殺人的に暑くなったり、かつスイーツを食べようとすると売り切れていたり営業時間外だったりするのは、これまで書いてきた通りである。西山くんの前世での行ないに対する報いであると思われる。

ともあれ、われわれはなるべく日陰を歩くようにしながら、まずは面白い公園遊具があることで有名な、あかぎ児童遊園を目指した。

あかぎ児童遊園は駅のすぐ裏にあって小さな公園だが、ゾウが2頭重なった奇抜なすべり台があることで知られている。さっそくの優良物件だ。

ゾウの鼻がすべり台になっている遊具はよくあるが、なぜ2段になっているかとい

すべり台はひとつに繋がっている

えば、すべり台が地形に沿って斜面に張り付くように設置されていて、長さがゾウ1頭分の鼻では足りなかったせいと思われる。それだけ大きな斜面なのだ。高低差が風景を珍奇化させるいい例である。

冷静に考えれば、べつにゾウの形じゃなくてもよかったと思うのだが、設計者はゾウにこだわりがあったか、すべり台といえばゾウという固定観念に縛られていたか、あるいは単に面白そうだからそうしたのか、とにかく何らかの理由により、ゾウ2頭（しかも顔だけ）という異形のすべり台が完成したわけであった。

せっかくなので、西山くんと私が、すべってみるべく上から覗き込んだところ、コンクリート製の狭いすべり台で、途中で引っかかって止まってしまいそうだった。摩擦でパンツが破れる可能性もあるので、すべるのはやめておく。

すべるのはやめたが、見た目は気に入り、しばらく眺めた。

子どもにおもねるような、かわいい造形になっていないところに好感が持てる。とくに上段のゾウは下段のゾウの背後に隠れて何か企んでいそうに見え、秀逸である。耳に足がかりがあって登れるようになっている下段のゾウに対し、上段は耳が擁壁のように立ち塞がっているところも、フレンドリーさが感じられない。たぶん上のゾウは悪いゾウだ。

さっそくいい遊具に出会えて、今回の散歩は上々の滑り出しであった。

このあと松本泰生さんの『東京の階段』で紹介されていた宗柏寺横のマンホール階段を見に行く。

マンホールが丸いままステップになっているちょっと珍しい階段で、踊り場にマンホールがある階段は見たことがあるけれど、円筒そのままステップになっているのは面白い。

マンホールには下水道と書いてあるから、この階段の地下は暗渠になっているのかもしれない。斜面を流れ落ちるドブを階段に仕立てた名残りなのだろうか。ものすごく珍しいわけでもないのだろうが、せっかくなので来てみたのである。

散歩ではこのようなささやかな物件も、せっかくなので見に行ってみることが大切である。

マンホールがそのままステップに

そこからわれわれはUターンして、赤城山の大ムカデのモニュメントがある赤城神社を通過し、神楽坂の繁華街方面へ向かった。

このへんの地名が赤城なのは、赤城山からきているらしい。

神社の先にまた公園があり、ここでまた面白い遊具を発見した。

そしてこれがものすごくよかったのである。

こういうタイプは何と呼べばいいのか、不定形な山というか、とくに何の形も模していない自由で不均等な岩のような盛り上がりが公園の中央にでーんと鎮座していた。

不定形な山の遊具

上部にトンネルがひとつあり、斜面には足がかりとなる鉄の足場や穴や鎖、または階段があるのだが、一番気になるのは、坂のようでもありすべり台のようでもある曖昧な筋だ。どっちつかずであるものの、これがあるためにかえって遊具全体がナチュラルな感じがする。押しつけがましくないのである。

確信はないけれど、これは全国でもこの公園だけにしかない遊具ではないだろうか。施工の際、現場で適当につくられた自由課題みたいな。

私が子どもの頃は、公園にときどき理解不能な形をした遊具があった。コンクリートでできたような雲のような遊具が中空に浮かんでいて、小学校低学年の私にはよじ登ることができなかったのを覚えている。あれはあの公園にだけしかない、施工者の思いつきでつくられた遊具だったのだろうか。なかには芸術家によって製作されたものもあったと聞く。

今回の遊具にはそれと似た香りがする。

東京都内にこんな奔放なものがあるとは。

富士塚などもそうだが、私はどうもこのようなミニチュアの山もしくは島状の場所に惹かれるらしい。しかもどこか暗い富士塚に対し、これは遊具だから陽気で明るく、居心地がよさそうである。

道なのかすべり台なのか

私の見るところ、これは空想上の山と考えられる。さらに言えば世界の中心にそびえる須弥山《しゅみせん》であり、もっと言えば世界そのもののメタファーと言っても過言ではない。これに登ることは、世界を掌握するに等しいのである。

いいものを見た。自分がまだ若かったなら、これに一泊してみてもいいと思ったぐらいだ。

いまだにこういう不定形で自由気ままな遊具が他にもあるなら、それらを全部見てみたい。

今回の散歩はとても実り多いものになりそうな気がしてきた。

このあと、われわれは迷路っぽくて情緒があるとして有名な神楽坂の横丁群を歩いて回った。迷路っぽい路地と聞けば、行くしかない。

だが、こっちは風景が整いすぎていて、付け入るスキがない印象であった。すべてが計算された、いかにも都会人が好みそうな風情で、大人のデートスポット感もあって、私の来るところではないことが瞬時に理解された。

だいたい大人の〇〇と呼ばれる場所やモノは、私とかみ合わないことが長年の経験でわかっている。もう十分におっさんなのにそうなのである。

実に腑に落ちないことであるが、隣を見ると、西山くんも全然かみ合っておらず、今後かみ合うこともなさそうであった。私と同じ運命をたどることはまちがいなさそうだ。

われわれは足早に横丁を通過し、南へと向かった。

レプリカ遺跡と金星人

神楽坂から南、市ヶ谷から四谷にかけての一帯は、坂が多いことで知られる。坂や階段は散歩の重要なスパイスであり、そういう場所は高低差があるため、道が迷路化しやすい点でも散歩に最適である。

われわれは庾嶺坂《ゆれいざか》、鰻坂《うなぎざか》、芥坂といった坂を上がったり下ったりしながら進んでいった。庾嶺坂は、別名幽霊坂ともいうらしい。こうして何度も散歩してみてわかったことのひとつは、そこらじゅうに幽霊坂という地名があることである。あと暗闇坂も多い。

どんな由来があるかは坂によってまちまちだが、こうした名前が多いのは、坂が不気味なもの、あの世を想起させるものだった名残りなのだと推察できる。とくに坂を上るときは、坂の先に何があるか見通せないせいで、異界との境界に来たような錯覚に陥ることがあるからだ。私は坂を見上げるたびにそんなことを思う。だとすると、坂の反対側から見れば、われわれがいる側が別世界という仮説も成り立つ。

庚嶺坂。幽霊坂とも呼ばれる

科学的合理精神が人々の心に根付いた現代では、そんな突飛なことを考える人はほぼいないが、昔の人はもっと、坂に異界を感じていたにちがいない。

なお、芥坂は、あくた坂と読むのかと思ったら、ゴミ坂だそうだ。ひどい名前があったものだ。ゴミ捨て場へ続く坂だったのが由来だそうで、坂の下は崖になって歩道橋が架かっていた。この崖にゴミを捨てたというわけだった。

歩道橋を渡ると車道に出て、その車道をお濠《ほり》のほうへ進ん

擁壁下の謎のスペース

だところで、異様な風景に出会った。

斜面にコンクリートを吹き付けた擁壁なのだが、その手前に階段がついている。隅っこには梯子もかかっていて、上がると何かありそうな気配を漂わせているものの、上には何もない。上った先は擁壁であり、狭くて傾いた踊り場のようなものがあるだけだ。

これはいったい何だろう。

左の建物に隠れて何かあるのかもしれないと上ってみたが、建物の裏にも何もなく、その先どこにも通じていなかった。

この空間は何のためにあるのだろうか。

狭い踊り場に小さな小屋ぐらいは建てられそうであるものの、何かを建てた形跡はなく、今後何か建てられそうな気配もなかった。何かに活用しようとして階段をつくったけど、活用できなかったのか。

まったくもって謎だ。

今までいろんな風景を見てきたが、こういうのは初めてだった。

正直な第一印象を言うとしたら、まるでマチュピチュのようだ。行ったことはないが、そんな感じがするじゃないか。

純粋階段?

これは現代の遺跡かもしれない。何かがあった痕跡としての遺跡ではなく、最初から遺跡のようなものとして生まれた遺跡。レプリカ遺跡とでも呼んでみようか。
しばらく考えたが、結局なんだかわからなかった。面白い空間があったものである。
それはそうと、そろそろ冷房のある場所に退避しないと脳みそが溶けそうになってきたので、このあと市谷亀岡八幡宮の男坂と呼ばれる急斜面の階段を下ったら、四谷

物干し台に使われているのか

まで歩いたところで昼食をとった。実は本文では触れなかったが、ここまでにも一度カフェで休憩をとっていて、命がけで散歩しているといっても過言ではないのだった。読者は、われわれが次から次と何らかの物件に出会っているかのように思っているだろうが、実際は物件と物件の間は結構離れていて、暑さに耐えながら黙々と歩いているのだった。

ただでさえこの散歩は、東京都心部をフィールドにしているので、アスファルトやコンクリートの上を歩くことが多く、体感温度は天気予報の数値よりずっと高い。

いつから夏はここまで暑いものになったか。知らぬ間にわれわれは東京に似た別の世界、たとえばこの暑さから類推するに、金星などに、転生したのではないか。世界が丸ごと異世界にズレたぐらいの灼熱感ではないか。

なるべくなら緑のあるところを歩きたいけれど、時おりあらわれる神社や小さな公園、あとは街路樹ぐらいしか緑がない。

金星人？

と思っていたら謎の生命体に会った。

わずかな緑を伝うように歩いているとき、眼光鋭い目でわれわれを睨みつける、樹のような姿をした何者かに遭遇したのだ。

金星人だと思う。

暑い暑いと思って街路樹に寄っていったら、偶然そこにいたのだった。

高低差にはじまり高低差に終わる

スイーツ男子の西山くん情報で、『わかば』というおいしい鯛焼き屋さんがあるというので、立ち寄る。

このくそ暑いのに、あつあつの鯛焼きなんか食ってどうすると思ったが、まあ、今回もきっと売り切れてるにちがいない、ニシヤマの法則だ、と思って安心していたら、ふつうに買えてしまい、食ったらうまかった。まったくこの気温で鯛焼き食う神経が理解できないが、あまりにうまく、追加でおみやげにも買ったのであった。ニシヤマの法則が成り立つ確率は80％ぐらいのようだ。

西山くんの話では、さらにこの先に映画『君の名は。』で有名になった階段があるというので、そっちも寄ってみることにした。

四谷というだけあって、この付近も高低差が激しく、坂や階段が多い。

有名な階段は、須賀神社の男坂と呼ばれる階段で、下から近づいていくと、てっぺんのあたりに人だかりができているのが見えた。観光客が記念写真を撮っているよう

須賀神社の男坂

だ。

上ってみると数十人はいて、ほとんどが外国人観光客だった。中国語のほかイタリア語、スペイン語などが聞こえてくる。日本アニメの人気ぶりがうかがえる。

われわれも同じように階段を見下ろしてみた。赤い鉄製の手すりは、たしかに映画で見覚えがあるようだった。

ただ映画の主人公は若い男女であり、おっさんがその感情を追体験するのは難しかった。同じ角度で景色を眺めても何の感情も湧いてこない。

西山くんも、階段から見る電線の密集具合がよくないですか、と映画と関係ない写真を撮っている。

たしかに電線に目を移すと、かなり込み入っていた。

電線の込み入った風景を醜悪と見るか、それとも『電線の恋人』の石山蓮華さんのように楽しむかは人それぞれだと思うが、海外からの観光客には、日本的な風景として知らず知らず電線が記憶に刷り込まれていくのだろう。

そうしていつか電線の多い土地に行ったとき、不意打ちのように日本を思い出すのである。

映画のワンシーンを思い浮かべる人々

須賀神社にお参りしたあと、本来の最終目的地である荒木町を目指す。

途中、いい形の給水タンクを見つけて写真を撮ったり、半分だけ富士山になっているすべり台を見つけて眺めたり、四谷怪談のお岩さんを祀った「於岩稲荷」がふたつ

いい形

あるのを訝《いぶか》しんだりつつ、歩いていった。ふたつの「於岩稲荷」はお互い本家争いでもしているのだろうか。私には関係ないけど穏便にやってほしい。

荒木町は、地下鉄四谷三丁目駅に隣接する一画で、居酒屋やバーや小料理屋が密集している。夜は賑やかになるのかもしれないが、昼間の今は静かなものだ。

路地が迷路のように入り組んでいるといわれているが、私が地図で確認した限りでは、そこまで入り組んでいるようには思えなかった。今回はその謎を解明したい気持ちがあって、やってきたのである。

半分富士

謎はすぐに解明された。

この街は結構な高低差があるのだ。そのため二次元の地図では簡単に把握できても、現場は三次元になっているせいで混乱するのである。

荒木町は街全体がすり鉢状になっていて、その底に池がある構造で、この池は策《むち》の

階段だらけの荒木町

池と呼ばれ、弁天様が祀られている。池は小さくて建物に囲まれており、植物が鬱蒼と繁っていて、深山幽谷の趣きがあった。都会とは思えないほどだ。説明看板にはかつてここに4メートルの滝が流れ落ちていたとあるが、どこに滝があるのか、今はもうないのか、それもよくわからない。

あまりに建物と樹々に囲まれているので、ここだけが別世界のような箱庭感があって、何となく中華文化圏の佇まいに似たものを感じさせた。中国や台湾でこのような小さな池をいくつも見た気がする。

池の両側には階段があり、それが途中で折れ曲がって先が見えないのもいい感じだった。そういう構造全体が迷路に紛れ込んだような感覚を引き起こさせるわけだ。

皆川典久さんの『東京スリバチの達人分水嶺東京北部編』によると、このスリバチ地形はもともとは北に向かって開け、お濠へ流れ込む紅葉川に接続していたらしい。それを江戸時代に谷の出口にダムをつくって堰《せ》き止めたのだ。周囲に水田が広がっていたため、この地を溜池として利用したかったのだろう。

策の池

現在そのダム部分には階段が設けられ仲坂の名前がついている。われわれはその仲坂の下まで行って、階段を見上げ、大変そうだったので上るのをやめて池に戻った。

たしか第1回の散歩で訪れた中落合にも、同じような出口のないスリバチ地形があったのを思い出す。

室外機の巣

そのときも思ったが、こういう鍋のような地形に出会うと、排水はどうするのだろうとつい考えてしまう。もちろん下水道がさらに下を通っているのだろうが、大雨時は落ち着かないにちがいない。

そんなことを考えながら、ふと何の気なしにふり返ったとき、異様な光景が目に飛び込んできた。

建物と建物の間にエアコンの室外機がみっちり詰まっていたのだ。

うわあっ、と一瞬のけぞってしまった。

ハプニングタワー

室外機がそこにあってもべつに不可解な光景というわけではない。だが、このみっちりした並びに、冷蔵庫の裏に虫の巣を発見してしまったような、不穏な何かを感じないだろうか。

『日常の絶景』という本の中で、著者の八馬智さんは、室外機が並ぶビルの壁面に着目し、それを室外機コレクターの展示会場に見立てて鑑賞している。つまり室外機は今は鑑賞物でもあって、私も嫌いじゃない。だが、なぜか今回に限っては、引いてしまった。

この言葉でうまく説明できない不穏さはなんだろう。

それは鑑賞の対象物という位置づけから、さらに一歩進んで、肌感覚にまで到達した何かだ。

八馬さんが今回の壁の奥に隠された室外機コレクションを見たら、どんな感想を抱くだろうか。

階段もモザイク

あまり期待できないかもしれないと半信半疑だった荒木町迷路だが、なんだかんだでさまざまな《センス・オブ・ワンダー》が発動した。ただの街角の風景から、何らかの感情が引き出されるのは、たとえそれが不穏な感情であっても豪勢な経験である。

人工的過ぎた神楽坂の横丁迷路よりずっとよかった。満足したので、荒木町を出て、曙橋駅へ向かうことにする。

駅はすぐそこなので、もう何もないだろうと思ったら、途中に不思議なビルがあった。派手なモザイクで装飾された細長いビルだ。

西山くんによれば、ハプニングタワーというのだそうだ。

内部はマンションで、オーナーが、老朽化したビルを買い取り、独学で目立つ外装に改装したらしい。まるでガウディ建築のようだ。

入口から覗き見えている階段のタイルもいい感じだった。

その後さらに、細い道に入った先で、「植物のふりした妖

植物のふりした妖怪は不意に現れる

怪」にも出会った。

　それは二本足の巨人と、箒《ほうき》に乗る魔女の壁画だった。

　二本足の巨人の上半身はどうなっているのか、魔女ではなくチーターに見える、など異論もいろいろあると思うが、見立ては自由だから巨人と魔女ということにしておく。

　こうして曙橋駅に到着し、散歩は終わった。

　西山くんは今日一日をふりかえり、

「《センス・オブ・ワンダー》は、けっこう視覚が中心になってくる概念かと思っていたのですが、今回、坂や階段を上ったりくだったりをずっと繰り返しているうちに、最後にしてなんとなくそれとは違った、でもいい感じの何かをじわじわ感じられてきた気がします」

　と感想を述べ、何かに開眼したのかもしれなかった。

　私も、児童公園で見た不定形の岩型遊具や、レプリカ遺跡などを思い出し、高低差を体で味わうこと、地形をなぞることで何かが豊かになっていく気がするのは、本当にその通りだと考えた。

地形の変化が坂や階段を要請し、崖や擁壁を生み出し、水の流れを変えたり、道路を迂回させてそれが錯綜したり、いびつな構造物が建てられることもあれば、さらには植物の生え方にも影響を与える。高低差が多様な風景をつくりだす源になっているのは間違いない。

そこに鉄塔や給水塔や電線、無言板などの無数のレイヤーが重なって、さらに風景を重層化していく。

散歩に出ると、二次元の地図で見ただけでは気づかなかった三次元の空間性に感覚が開かれるのと同じように、三次元の街においても、いくつものそういった隠れたレイヤーを重ねることで、実際には高低差のなかったところにも見えない高低差をつくりだす。そうして気がつくと、今いるこの街全体が、凸凹だらけの、味わいに満ちた世界に変貌するのだ。

今回さんぽした場所

神楽坂駅から曙橋駅まで

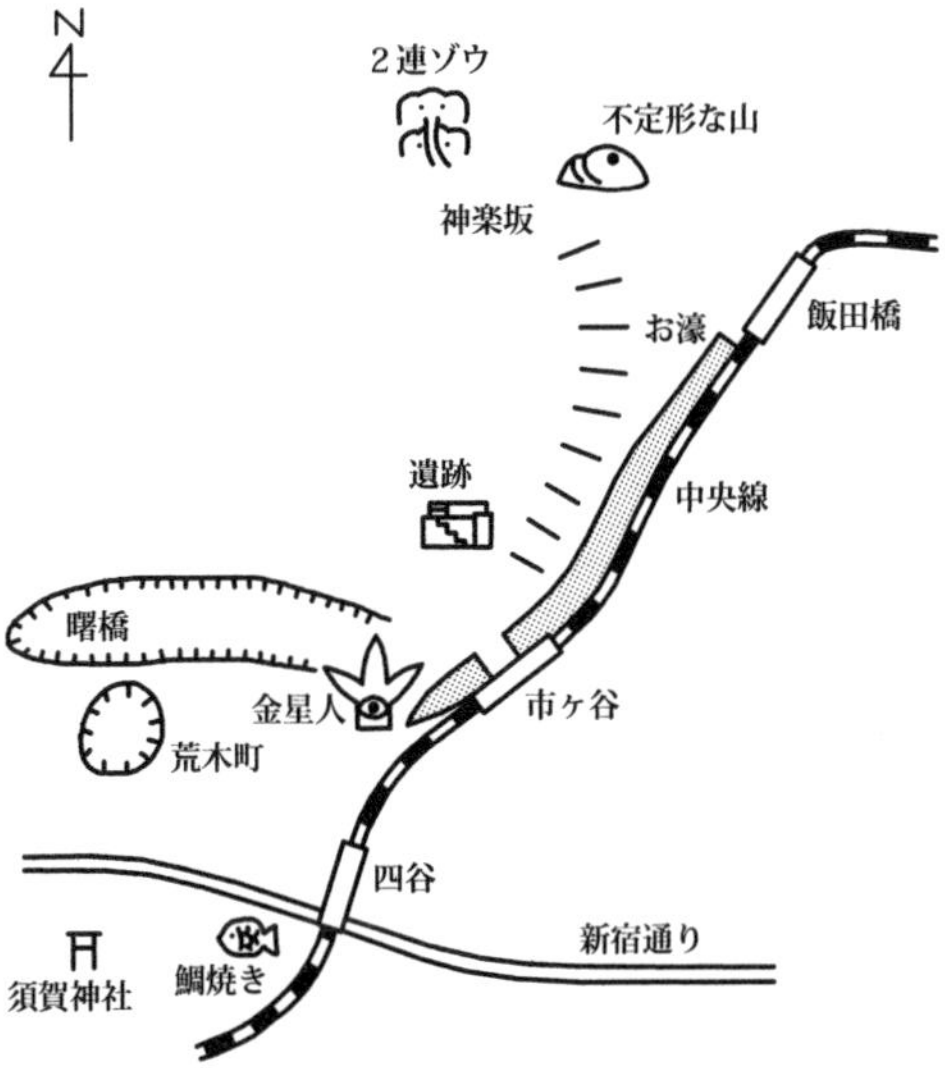

人工的なものは毒とでも言っているかのようなレイチェル・カーソンの「センス・オブ・ワンダー」に対抗して、そこらへんの路上で見られる人工的なもの（植物などの例外はあるが）に惹かれる感性を《センス・オブ・ワンダー》と名付けて、あちこち歩き回った。

坂や階段や、公園遊具や路上の植物、暗渠、電線、鉄塔、給水塔、歩道橋、狭い路地、道路標識、変な看板、エアコンのダクトや電気の配管などに、何かしら情感を揺さぶられるのは、いったいどういうわけなのだろう。これは現代人にだけ備わった新しい特性なのだろうか。

たしかにレイチャル・カーソンの「センス・オブ・ワンダー」には、神秘的かつ、どこか霊的なもの、あるいは人間存在の根幹にかかわる何かが息づいているように感じられるが、路上の《センス・オブ・ワンダー》にはそこまでの深度があるかどうか。すべて理屈と合理精神で解読できる話ではないかという疑念がないこともない。

ただもしそうだとしても、人がそこに心奪われているのだとしたら、心の奥底で理屈を超えた何かが発動している気がして仕方がないのだ。それが何か、答えを出すのは私の手に余るが、せめて何かを感じたのなら感じたままに記録にとどめておくことは大切だと考えたのだった。

なので、何か物件を見つけたとき、どのような理由でそこにそういうものができたのか、あるいは、いったいそれはどのような用途、価値、歴史を持つのか、といったことにはほとんど関心を向けず、その物件は自分の内側にどんな情感を呼び起こしたかという点にだけ注目して歩いた。おかげで資料的価値のまったくない本になった気がするが、それについては多くの先人の手による充実した資料や著作があるので、そちらを参考にしていただければと思う。

思えば、このような本を書くことになったのは、新型コロナのパンデミックで旅行ができなくなり、仕方なく家の近所を散歩するようになったのが、そもそものはじまりだった。当初は旅行ができないことへの腹いせのような気分で、同時に、引きこもり生活で体力が減退するのを防ぐつもりで散歩していたのだが、その後新型コロナが5類感染症に移行してからも、そのまま歩き続けた。長い自粛生活のうちに習慣化してしまったのと、散歩自体が面白くなってきたのが理由である。いや、面白くなってきたどころではない。最近の私は、歩いた経路をGPSで記録し、地図をぐりぐり塗りつぶしていくことに変質的な悦びを覚えているほどだ。

そんなとき、亜紀書房の西山くんから散歩エッセイを書かないかと声をかけられ、少しでも多く地図を塗りつぶしたい私は、渡りに船というか、飛んで火に入る夏の虫とはこのことだと思った。

ちょうど世間では、街にあるいろいろなモノに注目して歩く人が増えており、そういった人たちの街の見方に多大な影響を受けていたこともあって、どうせなら自分も自分の興味関心のおもむくまま、街を見てみようと考えた。そうして書いたのが本書である。

そういうわけで、編集の西山くんにはとてもお世話になった。こんなに自由にあちこち歩かせてもらったおかげで、ＧＰＳ地図がますます充実した。感謝してもしきれないほどである。西山くんの今後の活躍を祈ってやまない。

ただ、不満をひとつ言わせてもらうなら、なぜおいしいスイーツが毎度食べられないのであろうか。われわれが食べるはずだったスイーツはどこへ行ったのか。レイチェル・カーソンか。

宮田珠己

本書は、亜紀書房ウェブマガジン「あき地」にて連載の原稿
（2022年8月31日〜2023年7月31日）に加筆・修正を行い、
書き下ろしを加えたものです。

散歩

ブック

ガイド

1 目白から哲学堂公園

超芸術トマソン

赤瀬川原平

ちくま文庫
1987年

いわずと知れた路上観察のバイブル。街に存在する無用の長物的物件を見つけ出して楽しむ。役に立っていないものに芸術を超えた芸術性を見出すという価値の転倒が秀逸で、その後の散歩界に与えた影響は絶大なものがあった。昨今は役に立っているものを追いかける人も増えてきて、路上の楽しみ方が裾野を広げながら一周回ってきた感がある。

散歩の達人

ご近所さんぽを楽しむ15の方法

2020年6月号
NO.291
交通新聞社

雑誌の散歩特集というと、散歩コースにあるカフェやショップが紹介されるのがふつうだが、『散歩の達人』はそうした定型を脱し、路上のささいな物件にもフォーカスしていて画期的。なかでも能町みね子さんの連載「ほじくりストリートビュー」は、まさに散歩の楽しみはこういうことだと、個人的にバシバシ膝を打った。

東京スリバチの達人

分水嶺東京北部編

皆川典久

昭文社
2020年

江戸、明治、現代と、3つの時代の地図を併記し、土地の変遷や見どころを知ることができる地図。個人的には、地形が見える表記がうれしい。散歩に出かける際は必ずこの本を一読してから出かけている。同じシリーズの東京南部編や、多摩・武蔵野編、横浜・川崎・鎌倉編のほか、現代の地形がわかる凸凹地図シリーズもある。

東京の階段

松本泰生

日本文芸社
2007年

よくぞこんなに調べたなと驚くほど多くの階段が収録されている。階段を愛でる対象にすること自体、とても共感できた。プロローグで階段の魅力を理論武装できていないことを著者は告白しているが、歩けばわかるというのはまさにそう。副題に《都市の「異空間」階段の楽しみ方》とあり、階段が異空間であるという発見も画期的だ。

2

二子玉川から等々力渓谷

タモリのTOKYO坂道美学入門

タモリ

講談社
2011年（新訂版）

高低差が好きというタモリさんが坂道に惹かれるのは当然の帰結だろう。まえがきにある、気の遠くなる日々を過ごした幼稚園時代、そして傾斜の思想と平地の思想の話が面白い。本文では東京のいろいろな坂を丁寧に紹介していて楽しいが、取り上げている坂の数はあまり多くない。

3

赤塚から高島平

暗渠パラダイス!

髙山英男・吉村生

講談社
2011年

おふたりの暗渠に関する著作は多いが、帯に「異世界へのゲートウェイ」とあったので、本書を最初に手にとった。暗渠が異世界への扉という感覚に共感。日本全国どころかベトナムにまで行って暗渠を探索するなど、入れ込みようが素晴らしい。さらにボサノバの創始者ジョアン・ジルベルトの人生に暗渠を重ねるとか何でもあり。

街角図鑑
街と境界編

三土たつお編著
実業之日本社
2020年

「街角図鑑」シリーズの第2弾。配管や足場、ガスメーターから歩道橋、さらには立体駐車場、トンネル、畑、鉄塔まで。街とその周辺にあるものをなんでも取り上げる。散歩しながら無用のものを探していたトマソンと違い、有用なものを観察する時代になってきたのかどうなのか。令和版、考現学の書。

晴れた日は巨大仏を見に

宮田珠己
幻冬舎文庫
2009年

日本全国にある高さ40メートル以上の巨大な仏像を見て回った旅行記。仏像の由来や様式、建立の経緯などを追ったノンフィクションではなく、街に突如立ちあらわれた風景の中の異物としてとらえ、なぜそれが気になってしまうのかを考察する。

鉄塔 武蔵野線

銀林みのる
新潮(SB)文庫
1997(2007)年

日本ファンタジーノベル大賞を受賞したジュブナイル小説。高圧線がどこまで続いているのか、そのはじまりを求めて旅をした主人公の少年たちの気持ちには共感しかない。実際の鉄塔の写真を順を追って載せていく斬新な小説手法が話題となった。鉄塔好きの作者が自分の趣味を全開にして書き切ったという点でも、共感度高し。

団地の見究

大山顕
東京書籍
2008年

団地がブームと聞いて当初その魅力がわからず、理解しようとして手にとった本。この本で初めて大山さんのことを知った。団地の魅力を6つの指標のレーダーチャートで表してあり、その指標が、階数、連続性、交通の便、ダンディ度、熟成度、コーヒー度とあって、ますます混乱した。コーヒー度ってなんだ？

4

大鳥居から平和島

ご近所富士山の「謎」

富士塚御利益散策ガイド

有坂蓉子

講談社

2011年

富士塚の存在は知っていたが、この本を読んで、その構造にはさまざまな約束事があることを知った。山とは、独立した世界のメタファーであり、そこに複雑な構造を持たせることで、ある種のファンタジー世界を現前させようとする意図が見えてくる。ただの小さな土の盛り上がりが、脳内で一大パラダイスに変換されるのだ。

5

浅草から北千住

電線の恋人

石山蓮華

平凡社

2022年

電線の魅力にとりつかれた石山さんの電線愛が横溢する。電線のはりめぐらされた景観の魅力は私にも理解できるが、石山さんの電線愛はその内部構造やつくり方にまで踏み込んでいく。電線と一体化したいあまり、実際に体に繋いでポートレイトを撮影するなどどんどん狂気じみていく偏愛っぷりは、他の追随を許さない。

立体交差

ジャンクション

大山顕

本の雑誌社

2019年

悪い都市景観の代表として語られる東京・日本橋の首都高についての考察は、一読の価値がある。石山さんの『電線の恋人』でも、電線のある風景は果たして悪い景観なのかという考察があったが、そこに共通するのは、現在の風景から過去をふり返るのではなく、未来から現代の風景を歴史の一部として顧みる視線かもしれない。

6

黒川から鶴川

東京鉄塔

ALL ALONG THE ELECTRICTOWER

サルマルヒデキ

自由国民社
2007年

多くの鉄塔がその路線ごとに紹介され、著者が足で稼いだその詳細なデータは、今も鉄塔マニアのバイブルとして高く評価されている。文章は情緒的で、読むほどに、『鉄塔 武蔵野線』と同様、その線をどこまでも伝っていきたい衝動に駆られる。

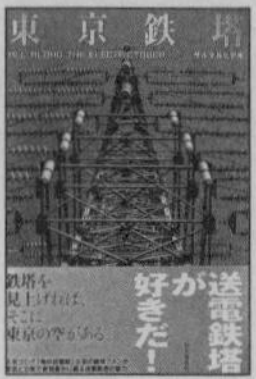

7

麻布十番から築地本願寺

伊東忠太動物園

藤森照信ほか

筑摩書房
1995年

築地本願寺に限らず、伊東忠太が設計した建築物には動物や怪獣の彫刻が多く見られるが、それらをまとめて紹介する楽しい一冊。西欧のロマネスクやインドの彫刻など、さまざまな様式が見られるものの、本人はそこに何か思想的な意味をこめたわけでなく、単に好きだったからというのが好感度大。自分で考えた妖獣もいるらしい。

8

王子から赤羽

団地の給水塔大図鑑

小山祐之

シカク出版
2018年

団地の給水塔が衰退の運命にあることを、この本を読んで知り、ますますそれが愛おしく思えるようになった。なかでもとっくり型、円盤型の給水塔のかわいさったらない。10年かけて662基を撮ったそうだが、すでに無くなったものも少なくないようで、個人の趣味ではじめた撮影が、貴重な資料になっていく事例でもある。